EL HOMBRE
¿UNA MÁQUINA DEL
MAL?

SAMUEL QUE HEREDIA

CARIBE-BETANIA

Una División de Thomas Nelson Publishers
The Spanish Division of Thomas Nelson Publishers
Since 1798 — desde 1798
www.caribebetania.com

Caribe-Betania Editores es un sello de Editorial Caribe, Inc.

© 2005 Editorial Caribe, Inc.

Una subsidiaria de Thomas Nelson, Inc.

Nashville, TN, E.U.A.

www.caribebetania.com

A menos que se señale lo contrario, todas las citas bíblicas son
tomadas de la Versión Reina Valera 1960

© 1960 Sociedades Bíblicas Unidas en América Latina.

Usadas con permiso.

Tipografía: A&W *Publishing Electronic Services, Inc.*

ISBN: 0-8811-3836-3

Impreso en E.U.A.
Printed in U.S.A.

Contenido

Dedicado a

Todos a aquellos que quedaron en el camino, no por falta del plan divino, sino más bien por un error humano. Error que pudo ser resuelto, pero faltó la mano amiga, aquella que en lugar de acusar estuviera dispuesta a curar. Lamento mucho que en esta guerra contra el mal, también los buenos mueran. Algunos dejaron matar la misión y la visión que Dios les había entregado, fallaron en el intento. Quizás no desperdiciaron una vida, pero no cumplieron su propósito.

Hay dolor en el abandono, las lágrimas corren como quien huye de una realidad. Las mejillas expresan todo el dolor y la angustia de la derrota pero, sobre todo, la falta de una mano amiga que invite a levantarse. Quisiera pensar que todo aquel que ha caído tiene tiempo de levantarse, pero para algunos la caída es cuando el sol ya declina tras la colina. Son muchos los que hemos perdido en esta guerra contra el mal, pero con todo y eso Dios siempre seguirá proveyendo un relevo porque su obra no puede parar. El mal nunca triunfará sobre el bien aunque así parezca, pero no por eso dejaremos de perder a algunos en esta guerra.

No es un cementerio con cruces hacia el cielo el que hay que formar, más bien hay que mirar a la cruz para un día ser encaminados hacia el firmamento. Cual infinito es el cielo así es el perdón que invita a llegar a Dios, porque Dios es amor.

Agradecimientos

A Dios
El infinito Ser, del cual se desprende toda la existencia, a esa voluntad que no solo sostiene el cielo, sino incluso quien no deja de ser ajeno a la realidad humana. A Jesús, quien pagó por mí una deuda contraída. Al Espíritu Santo, por guiarme a la verdad que aun no entiendo.

A los míos
Aquellos que me han acompañado en esta jornada, que no deja de ser una aventura.

A Samuel, por tratar de entender con paciencia mi ausencia, aun en mi presencia.

A Abraham, por siempre afirmar con un buen gesto, el estar de acuerdo.

A Zurisadai, por esperar en silencio a que terminara un párrafo y al término de este todavía estar dispuesta a preguntar.

A mi amada Telenia
Quien nunca ha dejado de creer en mí, aun cuando parecía imposible lograr el objetivo, compañía sin la cual mi vida sería solo existencia.

A mi madre
Esa imagen imborrable en mi memoria, que con el poder de su oración ha inspirado toda mi vida.

A mi padre
A quien debo mucho en esta vida, su ejemplo, que no necesariamente tiene que ser perfecto, pero quien me ha inspirado e
instruido muchas veces.

A Caribe Betania
Por todas las buenas personas que ese nombre implica. Empresa que hace llegar al corazón de muchos un pensamiento plas-
mado en tinta y papel.

Prólogo

La esencia maligna del hombre
¿Innata o desechable?

Samuel Que nos lleva a leer, pensar, discutir y concluir acerca de uno de los temas que cruzan de principio a fin la historia del ser humano. Y si bien es cierto que el tema se trata en los libros de teología y evangelización, aquí se trata con un estilo diferente. Espero que sea bien asimilado.

En diez capítulos, planteados dinámica y amenamente, el autor nos lleva a un debate cuadrangular:

1. El Creador: juez y rector

2. El hombre: transgresor

3. Satanás: tentador y seductor

4. Producto: seducción, pecado y juicio divino

Todo esto en la medida del espacio y del tiempo.

El Creador: juez y rector

Dios en su absoluta soberanía se propuso crear lo que se ve de lo que no se veía, siendo a la vez el rector de toda la inmensa creación. Él todo lo ve, todo lo sabe, todo lo puede y demanda rectitud y justicia. Él es santo y demanda santidad de sus hijos.

El hombre: transgresor

El hombre al desobedecer se constituyó en transgresor.

Por cuanto conocemos la Biblia y las doctrinas que en ella se sustentan, sabemos que Dios no se mostró indiferente al acto de desobediencia del hombre. Por eso aplicó su normatividad previamente establecida para someter a investigación, juicio y sentencia a los seres humanos y al ser maligno, adversario y seductor.

Satanás: tentador y seductor

El más grave atentado y de mayores consecuencias en contra de la humanidad y, por ende, contra la obra de Dios, es este acto cometido por Satanás. En este el hombre pierde no solo el paraíso, sino sus relaciones con el Creador. Además, repercute en todas las generaciones y en la creación misma.

Producto: seducción, pecado y juicio divino

El proceso se cierra cual círculo, como lo afirma Eclesiastés: «Anda según los caminos de tu corazón y la vista de tus ojos, pero recuerda que sobre todas las cosas te juzgará Dios».

En conclusión, Samuel Que Heredia nos refresca la historia milenaria del bien y el mal en el lenguaje del siglo XXI para mostrarnos la misma lámpara, pero con nuevo combustible. Un hombre joven se atreve a revisar, analizar y comunicar el primer delito humano, el primer juicio divino, su veredicto y su castigo a los actores en su orden.

Presbítero Alfonso de los Reyes Valdez

Introducción

Cada día en los diversos tribunales del mundo—en cualquier idioma, trátese de cualquier color de piel, edad, etnia, grado de educación, clase social, por una razón u otra—, la vida del hombre se convierte en escenario del escándalo y la vergüenza. Ello se debe a que ha sido infectado por el mal del pecado. Este lo lleva, con sus más bajos instintos, a los tribunales que lo juzgarán por sus faltas. Aunque en muchos casos no sea culpable de las mismas. Pero pensar que se juzga la ofensa y no el impulso que lo llevó a ella, nos pone a meditar en el HOMBRE. El pobre y manipulado ser que ha sido la presa más preciada de su enemigo el diablo.

Sentado frente a esos tribunales está ese hombre, indefenso ante el instinto que se apodera de su corazón y de su mente, mismo que invade su cuerpo y lo lleva a cometer la ofensa por la cual es juzgado. Ante este cuadro debemos reflexionar en que nos hemos dedicado a poner precio al pago por la ofensa, pero hemos olvidado y abandonado la búsqueda de un método que en lugar de castigar la ofensa, la evite.

Es muy fácil castigar y decir, como escuchamos muchas veces: ¡Se lo merecía! Y en cierto sentido, así es. Si observamos la gravedad de la ofensa, llegaremos a la conclusión de que efectivamente el castigo recibido solo es el pago por el mal efectuado. Sin embargo, el HOMBRE es solo la víctima. Aunque sea el agresor, siempre será víctima de lo que lo indujo a cometer la ofensa.

El hombre es un ser que puede ser utilizado por el mal. Claro, eso depende de la forma en que haya sido instruido. Para mirar esto con claridad tenemos que recordar que el hombre nace inocente, y que todo lo que sabe lo va adquiriendo con el paso del tiempo. Nadie nace siendo un asesino, pero alguien se encargará de enseñarle cómo puede convertirse en uno. Nadie nace siendo ladrón, pero alguien que necesite otro ladrón siempre tendrá la manera de cómo enseñarle a cometer su primer robo.

No podemos esperar que los tribunales juzguen al hombre por sus delitos, como hasta ahora, y permitir que los gobiernos gasten más dinero en cárceles y policías que controlen el orden y aíslen a los que no pueden ser controlados para que no continúen haciendo el mal. Debemos encontrar la manera de evitar ese mal en ellos. Cuando se pone a alguien tras las rejas, por cualquier delito, se encierra a la persona, pero ¡el odio no puede ser encerrado por cuatro paredes!

Por lo tanto, colocar a alguien en un lugar donde aparentemente no puede dañar a nadie no es garantía de que no lo haga. Esto es solo una ilusión. Porque tan pronto como alguien llegue a ese lugar y le convenza de que sus captores o quienes lo llevaron a cometer un acto en contra de otro necesita ser vengado, casi seguro que será infectado mucho más por el mismo odio que lo llevó a cometer la ofensa.

Por eso es que a través de las páginas de este libro le invito a que vivamos de cerca las razones por las que el hombre actúa de la manera en que lo hace. Y por qué solo es juzgado, en lugar de ser ayudado, educado y conducido a una vida de paz que lo haga ser, sino un héroe, cuando menos un buen ciudadano. No serán las terapias humanas las que lleven al hombre a un destino de paz puesto que, es el hombre quien está en discusión. Es el hombre quien repetidas veces ha fallado en su intento de ser feliz, y es también el hombre quien necesita de una fuerza, superior a sí mismo, que le permita pasar de la silla del acusado, a la sala de invitados.

Es por esta razón y muchas más que el hombre de este siglo debe buscar en diferentes manantiales que le permitan ya no castigar el agravio cometido, sino llegar al lugar que evita la culpa.

Vivimos en un mundo compulsivo, donde la seguridad día a día se ha ido perdiendo. El hombre busca desesperadamente nuevos lugares de tranquilidad, nuevos métodos que nos tranquilicen, que nos saquen de esta realidad de continua inseguridad en la que vivimos. Según un artículo que apareció en los medios de comunicación, lo expresaban de esta manera: «Artistas que emigran a los Estados Unidos», pero cada vez que el hombre huye o trata de huir de la violencia y la inseguridad olvida que es él mismo quien aparece en esas páginas que denuncian tal hecho. Es el hombre el protagonista de todos estos sangrientos y miserables actos que atentan contra la seguridad de sí mismo.

Se nos ha olvidado que de lo único que no podemos alejarnos es precisamente del hombre. Hemos sido creados, y si no lo quieres aceptar así, hemos sido instruidos a vivir en una sociedad y no en soledad. Tenemos la necesidad de vivir en comunidades, comunidades que nos abastezcan de los elementos que nosotros solos no podemos producir. Por eso, cada vez más las personas que viven en comunidades remotas y cuya inseguridad muchas veces es producida por la falta de vestido, habitación, escuelas, medios de transporte, alimento y otras, al llegar a las grandes urbes se encuentra con un nuevo elemento de inseguridad.

Este nuevo elemento se llama «HOMBRE», quien a veces no muestra que es el causante de muchos actos que producen daño y que aniquilan la tranquilidad de los demás.

Tristemente el hombre se ha convertido en alguien utilizado por el mal. Sin embargo, no es el hombre quien terminará por componerlo. Será alguien superior al hombre, porque con el paso del tiempo ha quedado demostrado que ninguna sentencia detiene las malas intenciones, ninguna terapia aleja al hombre de su modo de actuar irresponsable.

El hombre está contaminado de un mal del que no puede huir y, por muchas nuevas comunidades que formemos en busca de tranquilidad, si está el hombre, no podremos hallarla totalmente.

En cierta ocasión fui invitado a un restaurant muy peculiar, había que llegar a él en bote, más o menos unos treinta y cinco minutos en bote. Era realmente hermoso mirar el paisaje alrededor y cómo la naturaleza de manera caprichosa había formado una pequeña isla dentro de esa expansión de agua.

Al llegar al restaurant, me di cuenta que habían separado una buena parte del agua en dos secciones. Una estaba protegida por una tela de hierro que no permitía pasar a ningún animal a esta sección. Cuando miraba desde el restaurant esta interesante separación, entendí que el hombre ha podido separarse de las bestias, pero lo que no ha podido separar del mismo hombre son las malas intenciones.

En las páginas de este libro revisaremos algunas razones por las cuales el hombre se encuentra huyendo del mismo hombre.

1

Definición y origen del pecado

Anomia: *Condición de desorden debida al rechazo de la ley o de la voluntad de Dios.*[1]

Pecado es la palabra que nos lleva a pensar en una violación a algo prestablecido por alguien superior a nosotros. Las reglas del juego, en esta vida, fueron establecidas hace ya mucho tiempo. Eso quiere decir que tenemos un panorama claro en cuanto hasta dónde podemos llegar con nuestro libre albedrío, la capacidad de alcance que Dios otorgó al hombre, la corona de su creación.

Ser la obra más importante del Creador no solo significa un gran privilegio, sino que, a la vez, implica una gama completa de responsabilidades con su Autor. Hoy por hoy el hombre no solo goza de inteligencia, autonomía y libre albedrío, también tiene la responsabilidad de corresponder sin pecar a tan excelso Creador, que no solo le otorgó todas esas facultades preponderantes, sino que también le ha provisto de un Salvador en su constante caída. Esto como producto de la mente dañada de un ser que antes fue celestial, pero que al

---

1. Nuevo Diccionario Bíblico Ilustrado. Editorial Clie 1985. Printed In Spain Pág. 898.

encontrarse maldad en él fue echado del cielo a los aires; desde donde hoy lanza sus más crueles ataques sobre una sociedad sumida en un estado de «consumo y competitividad», como lo llama nuestra sociedad actual. Sociedad donde el pecado ha tomado un nuevo nombre, un disfraz diabólico, cuyo único propósito es despatriar del cielo a los hombres que originalmente fueron creados para servir al «Eterno Dios», y que ahora, como producto de este mal, se han desviado al infierno,

> el ser humano que, aunque parte de Dios por creación, se rebela contra Él por reacción.[2]

Después de realizar unas cuantas preguntas a mis alumnos, descubrí con asombro que la noción de pecado solo existía en una forma vaga en sus conciencias y qué lejos estaban de la realidad de algo que deberíamos conocer sino en su totalidad, sí en una manera clara. Luego de pensar en que muchos creyentes, al igual que mis alumnos, permanecen sentados en las bancas desde su conversión hasta el día de partir con el Señor Jesús sin conocer esta verdad (el pecado), sentí la responsabilidad de erradicar —en cuanto me fuera posible—, esa ignorancia. Ella nos ha llevado a creer *que el pecado es producto de la mente humana* y que por consecuencia, somos los culpables. Sin embargo, no solo Satanás es progenitor del pecado, también es el causante de la apatía que hoy está sembrada en muchos corazones.

En este capítulo trataremos de explicar, basados en las Sagradas Escrituras, el origen de tan horrible mal (el pecado) y que ha llevado al hombre, hasta descender y cometer los más terribles y despreciables crímenes. Pecados que

---

2. *Introducción a la Filosofía*, p. 540. Editorial Clie. 1999 Por el autor: Alfonso Ropero. Printed in Spain.

han nacido en la mente de un ser infernal y que han sido transmitidos a la pequeña y hoy confusa mente de muchas personas, cuyas mentes han sido degradadas a su más bajo nivel. Esto como consecuencia de aquel origen aparentemente insignificante que la serpiente enconara en la mente de Eva,

> «¿*Conque Dios os ha dicho: No comáis de todo árbol del huerto?*» Génesis 3.1.

Esto que comenzó como una plática entre dos, Eva y el diablo, terminó convirtiéndose en una eterna enemistad. Enemistad en la cual tú y yo estamos involucrados. Por un lado, una humanidad que aspira al cielo y, por el otro, un diablo que aspira a arrebatarle el cielo a una humanidad que puede alcanzar el perdón y llegar a la redención.

«¿Conque Dios os ha dicho?» no era simplemente una pregunta. Envuelta en una forma astuta y suspicaz, la serpiente llegaba hasta lo más susceptible o vulnerable de la mente de Eva. Esta, no percatándose de las intenciones de su enemigo, dejó que esa lanza puntiaguda llegara hasta lo que podríamos llamar su verdad. Esa verdad que Dios había puesto en el ser de Eva. Sin embargo, una vez que la duda entró en su corazón, la primera parte del plan estaba cumplida, puesto que la «curiosidad» iba a martillar constantemente su conciencia hasta llegar a convencerla de que en efecto podía existir en el mandato de Dios, algo de egoísmo por evitar que los ojos de Adán y Eva fueran abiertos a un panorama posiblemente mejor.

No podemos juzgar a Eva tan a la ligera, sabiendo nosotros mismos que en muchas ocasiones, especialmente en nuestro caminar en la vida cristiana, hemos puesto en tela de juicio las enseñanzas de nuestro Dios, creyendo o suponiendo que se nos está ocultando algo que pudiera ser bueno para nosotros, esto desde nuestra perspectiva personal.

Amigo lector, debemos tener cuidado con los pensamientos que hay en nuestra mente, ya que no todos nacen de nosotros y, por lo tanto, debemos estar alerta y pedir a Dios que revise nuestro corazón.

El hecho de que Eva contestara a la pregunta del diablo significa, visto desde la idiosincrasia de este servidor, que además de escucharlo también prestó atención a las palabras mentirosas del engañador. Este no se enfrentaba a su primera víctima, puesto que ya antes habría sembrado en las conciencias de otros seres (ángeles en el cielo) las mismas incógnitas que sembró en la mente de Eva. En Ezequiel 28.18 encontramos lo siguiente:

> «Con la multitud de tus maldades y con la iniquidad
> de tus contrataciones profanaste tu santuario».

Eva no enfrentaba a un principiante, alguien que actuaría al azar, sino a un Satanás con experiencia. Un Satanás que pretendía quitarla de aquel lugar privilegiado llamado «Paraíso» o «Huerto de Edén», donde Dios los había puesto a ella y a Adán. Satanás no actuaba por instinto, sino por envidia, porque envidiaba el lugar privilegiado en el cual Dios había puesto la obra de sus manos; Adán y Eva. Tenemos que recordar entonces las palabras del mismo Satanás que aspiraba al trono de Dios, aspiración que le costó ser expulsado del cielo. Lugar que por un tiempo que no podemos determinar había sido su hogar, y que profanó con sus mentiras y sus ambiciones de ser igual a Dios.

Satanás emplea tres factores preponderantes en el caso de nuestra madre Eva: premeditación, alevosía y ventaja. Estas tres características nos inclinan a pensar que no solamente hay que actuar al pecar, sino que primeramente hay que pensarlo. El cuerpo no actúa sin que antes la mente predisponga y ordene la acción. Eva no fue la excepción, ella contestó a una pregunta. Pensó antes de contestar, por supuesto que de las dos alternativas que había en su conciencia, tomó, como suele suceder frecuentemente, la puerta falsa (Génesis 3.2): «Y la mujer respondió a la serpiente».

Ese fue el momento en el cual la mujer dio acceso a Satanás para que instalara en su mente un arma letal: poner en tela de juicio una orden de Dios. Esto, sin embargo, no significa simplemente desobedecer, sino que vamos en contra de una voluntad superior a la nuestra. Lo cual implica demasiados riesgos que no deberíamos ignorar al tomar decisiones en nuestra vida.

Hoy el ser humano se encuentra frente a dos caminos. En todas las circunstancias de su vida hay dos opciones: una buena y una mala. Por lo general, la mala tiene más espacio por donde moverse y nos deja holgura para hacer muchas cosas. La buena, que siempre parece ser mala, solo nos deja una acción determinada aunque acertada. Es muy difícil ver las buenas oportunidades, casi siempre son pequeñas y a veces parecen insignificantes. Eva solo tenía que decir: «Dios lo ha ordenado», y con eso bastaba para disipar cualquier sombra de duda, no dando lugar a que aquella incógnita creciera en su corazón.

La forma en la que resumiría este párrafo, si usted me lo permite, sería la siguiente: «Toca a nosotros aceptar, respetar y seguir los designios que Dios ha puesto frente a usted y a mí». Esta es la parte esencial de nuestro compromiso con Dios: obedecer sus estatutos, enseñanzas y mandatos. Lo mismo que Dios pone frente a nosotros con el fin de hacer que su imagen sea refinada en nosotros. Creerle a Dios es de suma importancia, a nadie le gusta que duden de él o ella, mucho menos a nuestro Dios, que es un Dios de amor y de verdad.

2

Satanás y su intención

Stanton W. Richardson D.D. afirma: «Satanás es el
autor del pecado en el universo y en la tierra. Él es
malo tanto en carácter como en conducta».[1]

La primera aparición del diablo en la Biblia se registra
con una mentira. Por lo tanto, la Biblia lo descubre
como engañador y padre de mentira (Génesis 3.4). Pero este
no es el único aspecto en que el diablo suele presentarse, sino
que a través del tenor de la Biblia lo encontramos como una
serpiente antigua (Apocalipsis 20.2), león rugiente buscando a
quien devorar (1 Pedro 5.8), ángel de luz (2 Corintios 11.14).
Todo esto con el único propósito de engañar, matar y destruir
al hombre, que es, como dice la Palabra de Dios, «linaje
escogido, real sacerdocio» (2 Pedro 2.10).

Hoy, uno de los nuevos disfraces que el diablo utiliza para
engañar a la raza humana es nada menos que la efervescencia
de tantas doctrinas que falsamente dicen fundamentar sus
creencias en la Biblia. Sin embargo, no es nada más que eso,

---

1. *Manual de Teología Bíblica*, p. 146. Editorial Clie. 1998 por Gordon L.
   Barrer, para la edición castellana. Printed in Spain.

un disfraz. Satanás incluso se ha convertido en artista, esto para salir en el cine y así llegar hasta el propio centro de nuestro hogar.

> Las influencias negativas de los medios masivos de comunicación, en el cine y la televisión; de novelas «oscuras»; de juegos de video con temas demoníacos; y de otras cosas similares atraen a los hogares la idea acerca de las fuerzas malignas y los demonios y, en muchos casos, los involucran directamente en ellos.[2]

Satanás, como enemigo mortal del hombre, es quien trata por todos sus medios de enviarlo a su propio destino final, que es el infierno.

Una de las mentiras más terribles que el diablo ha establecido en la mente de una gran parte de los seres humanos es la siguiente: «Dios es un Dios de amor, Él no me enviará al infierno, puesto que es amor». En efecto, Dios es un Dios completamente de amor, por eso ofreció en sacrificio a su hijo Jesucristo para que muriera en la cruz por todos los pecados del mundo. Sin embargo, cuando se le habla de Dios a alguna persona, lo primero que dice es: «Yo soy hijo de Dios», pero a través de la Biblia queda claro quiénes son los hijos de Dios.

Generalmente el hijo tiene características de quien lo engendró, rasgos propios que nadie más puede tener; aspectos que se heredan mediante la sangre, como la conducta que se adquiere por medio de la formación.

Satanás ha desatado una tremenda batalla en la mente de todo el género humano promoviendo por los medios de comunicación masivos la homosexualidad, el lesbianismo, la

---

2. *Cómo echar fuera demonios*, p. 31.

mentira, el sexo desenfrenado, el alcoholismo, la drogadicción, la prostitución, el asesinato, la infidelidad, el odio, el rencor, el egoísmo, etc. No obstante la Palabra de Dios no deja lugar a dudas en Apocalipsis 21.8: «Pero los cobardes e incrédulos, los abominables y homicidas, los fornicarios y hechiceros, los idólatras y todos los mentirosos tendrán su parte en el lago que arde con fuego y azufre, que es la muerte segunda».[3] Este versículo nos muestra claramente quiénes no son considerados hijos de Dios. Por tanto, una recomendación muy valiosa es que debemos asegurarnos de que no estamos viviendo en ninguna de las categorías ahí mencionadas, puesto que de ser así, correríamos un riesgo demasiado grande.

En 2 Timoteo 3.2-4 tenemos algunas características que nos muestran ciertos aspectos de personas que no son considerados hijos de Dios. Timoteo los señala para los últimos tiempos. Por tanto, debemos estar alerta. A continuación veamos algunas de las mencionadas por Timoteo en el texto en referencia:

[2]Porque habrá hombres
amadores de sí mismos,
avaros,
vanagloriosos,
soberbios,
blasfemos,
desobedientes a los padres,
ingratos,
impíos,
[3]sin afecto natural,
implacables,

---

3. *Reina Valera 1909*, Sociedades Bíblicas Unidas, Corea, 1999.

calumniadores,
intemperantes,
crueles,
aborrecedores de lo bueno,
[4]traidores,
impetuosos,
infatuados,
amadores de los deleites más que de Dios,
[5]que tendrán apariencia de piedad,
pero negarán la eficacia de ella;
A estos, evita.

Todas estas características identifican la gran cantidad de hijos de Satanás, lo cual no implica que Dios no sea un Dios de amor, como muchos señalan. Simplemente obedecen a la mentira siguiendo la misma conducta de su padre el diablo. Está claro que Dios no enviará a ninguno de sus hijos al infierno, pero sí castigará con la muerte a todo aquel que obedeció a las mentiras y mantuvo una conducta reprobada por Él.

Cuando observamos hacia dónde va la raza humana, miramos que se dirige a pasos agigantados a un destino final que no era el suyo. Dios formó al hombre santo, limpio, puro y perfecto para que le sirviera. Satanás, mediante el pecado, estableció en la conducta humana un mecanismo de pecado, que le hizo ver lo malo como bueno y lo bueno como malo. Día tras día nuestro enemigo formula una nueva mentira: «No es cierto que cuando muera serás juzgado, en la muerte termina todo», afirma. Esta mentira ya se encuentra en la mente de muchas personas, aun en contra de lo que nos dice Dios en Apocalipsis capítulo 20, que nos confronta:

> [12]Y vi a los muertos, grandes y pequeños, de pie ante
> Dios; y los libros fueron abiertos, y otro libro fue
> abierto, el cual es el libro de la vida; y fueron
> juzgados los muertos por las cosas que estaban

escritas en los libros, según sus obras. [13]Y el mar entregó los muertos que había en él; y la muerte y el Hades entregaron los muertos que había en ellos; y fueron juzgados cada uno según sus obras. [14]Y la muerte y el Hades fueron lanzados al lago de fuego. Esta es la muerte segunda. [15]Y el que no se halló inscrito en el libro de la vida fue lanzado al lago de fuego.[4]

Amigo lector, después de haber leído estas líneas y saber cuál es el precio del pecado, le pregunto: ¿Cuál es la mentira por la que ha sido engañado? Satanás ofrece algo que no es de él, nada tiene que ofrecer; solo muerte, angustia, desesperación, intranquilidad y por si fuera poco la muerte, que es un destino final.

Todas las mentiras que Satanás utiliza para llevar al hombre al infierno prometen un poco de placer. Placer que solo dura unos instantes, pero que el final deja una amarga angustia, un sentimiento de culpa. «El padre que deja a su hijo sin comer por satisfacer un vicio», tarde o temprano se verá sumido en un estado de desesperación, de continuos ridículos, de culpa, de maldad. La prostituta que vende placer siempre termina sumida en una amarga soledad, despreciada por quienes compraron como buenas sus caricias. Cuando los años pasan y el tiempo hace sus peores estragos, cuando ya nadie es capaz ni siquiera de mirarla, recordará su pasado y tratará de gritar tan fuerte como pueda que ese no es un buen camino. Pero, como suele suceder, nunca hacemos caso de la verdad.

Los jóvenes, sumidos en una desesperante realidad, tratando de encontrar su propia identidad, se encuentran en un gran laberinto al que entran, pero casi nunca logran salir. Y

---

4. *Ibídem.*

dicen: «El día que decida dejar de drogarme lo haré; el día que ya no quiera otro viaje, lo dejaré para siempre», pero la verdad es que nunca podrán escapar de esa cárcel —en la cual están encerrados— por sus propios medios. Son prisiones escalofriantes en las que ponen en juego lo único que poseen, «la vida».

El alcohólico, que después de haber perseguido a su esposa para matarla por algo del pasado, o haber golpeado injusta y brutalmente a un niño, cuando este a quien esperaba era a un padre tierno.

Estas, entre muchas otras, son las historias de todos los días. Es triste mirar cómo el pecado y las mentiras han llevado al hombre al peor estado de inconsciencia. No hay donde descansar, la conciencia ha sido cauterizada, transportada a un lugar hostil, lleno de violencia.

Es escalofriante arriesgar la vida en un juego como el de la muerte. Satanás ha enseñado al ser humano a jugar un juego peligroso. Juego en el que solo el hombre es el perdedor. Al perder la vida, pierde la esperanza de encontrar la salvación. No existe un segundo después de la muerte ni la más mínima posibilidad de salvación. Así que, por favor, no desperdicie su oportunidad.

No tengo ni idea en cuál de estos juegos peligrosos se encuentra ahora, pero solo le digo que usted será el único perdedor, porque Satanás es su enemigo.

Se ha preguntado alguna vez ¿cómo es que se llega a tener un enemigo? ¿Por cuánto tiempo lo tendrá?, ¿Cuáles son las cosas que ese enemigo sería capaz de hacer contra usted? ¿Cómo podría deshacerse de él? Seguro que no será nada fácil poder deshacerse de él, pero lo que sí es cierto es que, una vez que lo tiene, nada en su vida será igual.

Al caminar por las calles disfrutando de un día soleado, con todo a su alrededor aparentemente bajo control , sin esperárselo aparece alguien a quien inconscientemente no desea ver, de quien conscientemente pretenderá no ser visto y que en el supuesto caso de que lo viera intentará a toda costa desaparecer de su vista. No importa la tranquilidad que disfrutaba momentos antes de su inesperado encuentro, lo que mejor le puede ocurrir es aplicar el dicho aquel de «Patitas para que las quiero» o en su defecto «Mejor que digan aquí corrió, que aquí quedó».

Lo cierto es que en la vida terrenal no todos tenemos enemigos. Pero aquellos que lo tienen experimentan tristes y largas noches de angustia al pensar que puede aparecer en cualquier momento. Casi todos hemos visto a través de la pantalla de nuestro televisor cómo actúa un individuo que tiene un enemigo declarado. Son las escenas más intrigantes de la película. Es cuando la música cambia de tono y cuando todo espectador espera atemorizado. Es tal la impresión del televidente—que siente la trama como si la viviera—que cuando ese enemigo hace su abrupta aparición en escena, hasta siente un cosquilleo en el estómago.

Sin embargo, permítame decirle que muchos en la vida real tienen un verdadero y peligroso enemigo, y viven de una manera desesperada deseando tener alguna esperanza de que su adversario nunca aparezca. No así aquellos que tienen la tranquilidad de vivir en paz con el mundo que los rodea.

Pero entremos al terreno de lo espiritual, donde el enemigo de los hombres se llama «Satanás» (1 Pedro 5.8: «Sed sobrios, y velad; porque vuestro adversario el diablo, como león rugiente, anda alrededor buscando a quien devorar). El hombre no tiene ningún otro causante de sus malas intenciones que el enemigo de las almas vivientes, el que fue declarado como continuo adversario del ser humano.

Una de las más importantes razones que me llevan a pensar en la ignorancia de muchos que creen que pueden emplear sus vidas como les parezca, es que no piensan que todo ser humano puede ser manipulado por un enemigo totalmente invisible. Enemigo que lo único que quiere hacer es llenarles el corazón de malas y perversas intenciones: Satanás.

Satanás no puede golpear directamente a un individuo, pero puede hacer que otro lo golpeé. Él no puede matar literalmente a nadie, puesto que es un espíritu, pero puede inducir a otro para que lo asesine. Este enemigo suspicaz —declarado de antemano por las Sagradas Escrituras—, no tiene compasión absolutamente de nadie. La muerte para él es el mejor medio para influenciar a otro ser humano para que elimine a quien se le atraviese.

Imaginemos la escena de un mortal ataque de Satanás a una familia que lleva una vida tranquila y que es respetada por la sociedad. Los niños tienen buenas calificaciones en la escuela. Todo indica que su vida transcurrirá pacíficamente. Sin embargo, en algún momento de la vida de esta familia ejemplar, el enemigo invisible puede interrumpir dicha tranquilidad con un ataque que no solo puede ser sentimental, sino que incluso puede ser físico, emocional, etc. Lo cierto del caso es que todo hombre sobre la tierra tiene un enemigo.

La mayor ambición del diablo contra el hombre es que este no llegue al cielo, del cual él fue expulsado. Es importante saber que el diablo sí conoce el cielo.

Él fue creado allí, dotado de muchos atributos y gran belleza. No hecho de barro o polvo, sino con materiales de valor preciado, con un resplandor único, con arte, con música; con todas las características de un ser celestial de alto rango. La Biblia lo llama, en Ezequiel 28.14, «querubín protector». Así que no era un ser celestial común. Era, por decirlo de alguna manera, alguien de alto rango. No solo fue creado con materiales diferentes al nuestro, sino que su hogar estaba en el cielo, «Donde todo lo bello nace»; donde habita el «SANTO DIOS».

Satanás conocía el mar de cristal, las calles de oro, el trono de Dios, el palacio, todo lo que nosotros ni siquiera podemos imaginar. Ezequiel 28.13 dice de él: «En Edén, en el huerto de Dios estuviste». Este es el lugar al cual Satanás no quiere que el hombre llegue algún día. Él conoce su belleza. Sabe que una vez que el hombre logre entrar al reino de los cielos, nunca más podrá hacerle daño. En ese momento el ser humano estará fuera del alcance de su maldad.

Satanás sabe lo que Jesús le prometió al ladrón en la cruz

Jesús no solo demostró en la cruz su voluntad de rescatar al hombre de las garras del diablo, sino que le dijo con exactitud y confianza el lugar a donde iba. La inocencia o santidad del hombre se perdió en el huerto de Edén con una mentira encubierta como verdad. Era un lugar lleno de belleza, inspirado por el GRAN Y ETERNO DIOS. Jesús, sin embargo, recobró la salvación del hombre con una verdad registrada en Lucas 23.43: «De cierto te digo que hoy estarás conmigo en el paraíso».

En un lugar hostil, de abandono, de lágrimas, de injurias y de escarnios, Jesús recobró lo que el hombre había perdido.

Todo lo bello del principio de la creación se había perdido. Satanás, con su egoísmo insaciable, trata y seguirá tratando de impedir a toda costa que el hombre llegue a ese lugar donde Jesús habita, donde enjugará toda lágrima, donde no habrá más llanto ni más dolor. Ese lugar que Satanás despreció por causa de su altivez de corazón, vanidad, orgullo y, por si fuera poco, por tratar de ser semejante al Altísimo.

Él viene de ese cielo al que «nunca jamás podrá regresar». Él sabe que nosotros tenemos en nuestras manos, mientras tengamos vida y voluntad, la oportunidad de ganar ese paraíso que un día perdió para siempre. Pero no conforme con haberse traído una cantidad de ángeles del cielo, como lo explica la Biblia, trata desde el principio de eliminar la posibilidad de que el hombre llegue a esas indescriptibles mansiones que Jesús fue a preparar cuando dijo: «Voy pues a preparar lugar para vosotros, para que donde yo esté vosotros también estéis».

Ese paraíso ofrecido al ladrón cuando estaba colgando de la cruz, le pertenece a usted amigo lector. Por eso le sugiero, como el ángel le dijo a Lot: «Escapa por tu vida». No se deje engañar por ese mentiroso que solo trata de quitarle el cielo que un día perdió.

3

Consecuencias en el progenitor del pecado

En este capítulo es muy importante poner atención
al proceso que el diablo y sus ángeles sufrieron al
pasar de su estado original al actual. Condición que
es distinta a la que deseó Dios para esos seres
celestiales, cuya caída empezó con un proceso que
tiene su fin en el lago de fuego, lugar que fue
diseñado originalmente para ellos.

Echado del monte de Dios

Satanás fue lanzado de donde solo alguien celestial y sin pecado podía estar. Dios, al encontrar maldad en el corazón de él,
lo echó del cielo. Desde ese preciso momento lo lanzó del paraíso celestial. Esto nos lleva a mirar la escena del huerto de
Edén, donde el hombre era la corona de la creación. También
era la envidia del diablo, por la posición de Adán, que era el
único poseedor de todo lo que en el huerto se encontraba. Eso
llevó estela diablo a actuar en contra del hombre. Satanás fue
lanzado de un lugar privilegiado y al igual que él, quería que
Adán perdiera su primer estado establecido por Dios.

Esta medida de castigo, empleada por Dios, al arrojar al
diablo a los aires, es una de las consecuencias a las que el

diablo se hizo acreedor al enaltecer su corazón y pecar. Haber sido lanzado del trono de Dios parece suficiente castigo por su maldad, pero eso no terminó ahí. Había que quitar de él todas las características que poseía al principio. Y puesto que uno de los propósitos del diablo es seguir engañando a cuanta persona se preste a escuchar sus mentiras, era necesario remover de él muchas de las virtudes y cualidades que poseía en un principio.

Ahora Satanás tendría su lugar en los aires. Este sería el primer paso de descenso al que este malvado ser se tendría que enfrentar. Ya no más paz, no más lugares bellos. Nunca más disfrutaría del mar de cristal, nunca más sería llamado Ángel Protector. Ahora sería el ángel de la destrucción, el ángel caído, ángel que nunca más se volvería a levantar, sentenciado a llevar los más despreciados calificativos como «serpiente antigua, padre de mentira, diablo, Satanás», nombres que estoy seguro le causan dolor y desprecio.

Sería como menciona la Biblia en Isaías 14.19: «Mas tú echado eres de tu sepulcro como tronco abominable, como vestido de muertos pasados a cuchillo, que descendieron al fondo de la sepultura; como cuerpo muerto hollado».[1] Echado de su sepulcro puesto que no tendría descanso, no habría para el diablo lo que hay para el hombre, un lugar donde reposar su cuerpo mortal. Ahora estaría sentenciado a vagar sin descanso.

«Nevius dice que una de sus características más comunes en la China es el instinto o anhelo del espíritu de un cuerpo al cual poseer, y que toma posición de los cuerpos de los animales inferiores como también de los hombres. Es por eso que en las Escrituras se nos representan como espíritus que vagan

---

1. *Ibídem.*

buscando reposo en cuerpos y pidiendo permiso para entrar en los cerdos» (Mateo 12.43; 8.31).[2]

Reducido a espanto

Después de ser el sello de la perfección, lleno de sabiduría, y acabado de hermosura (Ezequiel 28.12), Satanás fue reducido a espanto. Y no solamente en su estado físico, si se puede llamar de esta manera, sino a toda su personalidad, su identidad, todo lo más bello que poseía se perdió, y todo a causa de un pecado.

Esta consecuencia que hoy padece —y por la que no hay forma alguna de perdón—, lo ha llevado a actuar en contra del hombre tratando de colocarlo en una posición igual a la de él. Solo que en el caso del ser humano existe una manera de perdón. Perdón que fue pagado en la cruz, donde Jesús murió por darnos la salvación.

A través de los tiempos se escuchan diferentes historias de sucesos horrorosos en los que el espanto, tanto del diablo como muchos de sus ahora ángeles caídos, son vistos en ciertas ocasiones por personas que son tremendamente asustadas por esos seres infernales.

En la actualidad, el cine y las mentes cauterizadas a causa del pecado, en conjunto con el diablo, llevan hasta los hogares miles de escenas de espanto; haciendo esto un modo de diversión, un género más de la cinematografía. Pero sin dejar ver el verdadero fin o propósito encubierto en estas escenas que dañan a los niños, adolescentes, jóvenes y hasta a los más adultos. Escenas que solo pueden ser engendradas por una mente

---

2. *Manual de Teología Bíblica* Pág. 136. Editorial Clie. 1998 por Gordon L. Barrer, para la edición castellana. Printed in Spain.

diabólica y que son simple y llanamente espanto (Jeremías 28.1-9).

Ahora bien, esto no solamente se da en el cine, sino que Satanás lo ha puesto al alcance de todas las edades, culturas y razas. Lo que para él fue un castigo de Dios por causa de su rebelión es para el mundo de hoy una diversión más. Satanás, castigado por su actitud, trata minuto a minuto de hacer heredero al hombre de tan fatal castigo, familiarizándolo con su verdadero mundo, uno de oscuridad y espanto. Un mundo sin futuro donde solamente hay espacio para la muerte, el odio, el rencor, la envidia y todo lo malo que conocemos sobre esta tierra.

El cine nos muestra imágenes escalofriantes que nos ponen los cabellos de punta y lo insólito es que creemos que estamos viendo unas escenas en verdad buenas, un buen film, un buen artista, una estrella (aunque en este caso de las tinieblas). El mundo sigue a esas estrellas de la oscuridad envanecidas por la nada, en algo que a veces han tenido que invertir su propia alma, solo para alcanzar el anhelado éxito o fama, según lo creen.

Transformado en una «gusanera»

A algunos con el simple hecho de escuchar la palabra «gusano» se nos eriza la piel, sentimos escalofríos; pero muchos, no se han puesto a pensar que en algunos casos el dios al que sirven es el rey de los gusanos. Tiene tantos que muchos son para él mismo y muchísimos más para repartirles a todos los que de alguna manera niegan la eficacia de Jesús. Aquellos que niegan su perdón y aceptan la mentira. Una de las cosas que el diablo les heredó a Adán y Eva y, por ende, a toda la humanidad, fue precisamente «los gusanos». Herencia que produce la muerte por la desobediencia: el hombre al morir se convierte en una gusanera. «Todos los bellos materiales con los que estaba hecho Lucifer se convirtieron en GUSANOS».

Lucifer transmitió esos insectos al hombre. Y lo hizo a consecuencia de su gran egoísmo al mirar al hombre un ser, estructuralmente inferior (esto se refiere a los materiales que fueron usados en su formación) a Satanás, que había tenido en su creación atuendos especiales, así como elementos de alto valor. Le era difícil aceptar que un ser que solo había sido hecho del polvo de la tierra, se enseñoreara sobre todo lo creado por Dios. Este, además de otorgarle toda la autoridad, también le concedió inmortalidad, inocencia y obediencia al ser Todopoderoso.

Génesis 1.28: «Y los bendijo Dios, y les dijo: Fructificad y multiplicaos; llenad la tierra, y sojuzgadla, y señoread en los peces del mar, en las aves de los cielos, y en todas las bestias que se mueven sobre la tierra».

El gran egoísmo mostrado por Satanás aun en el cielo, anhelando los lugares que solo le pertenecían a Dios tratando de usurparlo, no le permitían aceptar que Dios creara un mundo para el hombre, y que este pudiera tener autoridad sobre todo ello. Satanás conocía que la autoridad no solo servía para gozar de algunas cosas sino que, además, usada desde su peculiar punto de vista, también le era útil para manipular a su favor. Una de las cuestiones que la Biblia hace mención es que Satanás era perfecto, pero «se enalteció tu corazón a causa de tu hermosura» (Ezequiel 28.17), y este hecho nos hace reflexionar en la importancia de que el pecado no fue primero una acción, sino un sentimiento. Esto es importante porque nos enseña que no es el pecado constituido el que primero hay que atacar, sino los sentimientos que se anidan en el pensamiento y que no podemos entender. Además, necesitamos recurrir a alguien mayor, alguien que según las palabras de Jesucristo sería quien estaría con nosotros y nos guiaría a toda verdad y a toda justicia.

Amado lector, estoy hablando nada menos que del Espíritu Santo de Dios. Tal vez para usted sea desconocida aun, esta clase de presentación del ser supremo llamado Dios, pero no trato de ubicarle en un terreno extraño, sino más bien acercarle a una realidad a su alcance, una realidad que puede hacer la diferencia en su presente y que afectará incluso su vida después de la muerte.

Hoy la humanidad ha sido infectada de este mal llamado pecado, mal al que algunos ni siquiera saben reconocer. Hay una gran ignorancia en nuestro presente con referencia a este cáncer. Este, al igual que a todos en su género, termina con la vida. El hombre, desde que nace hasta que muere, lleva en su interior el virus del pecado. Solo necesita un poquito para contagiar con sus temibles consecuencias.

Permítame expresarle que a través de los tiempos el hombre ha luchado con todas las fuerzas a su alcance de erradicar algo que no pertenece necesariamente a la voluntad humana y eso es la rebeldía.

> Isaías 14.12-14: «¡Cómo caíste del cielo, oh Lucero,
> hijo de la mañana! Cortado fuiste por tierra, tú que
> debilitabas a las naciones. [13]Tú que decías en tu
> corazón: Subiré al cielo; en lo alto, junto a las
> estrellas de Dios, levantaré mi trono, y en el monte
> del testimonio me sentaré, a los lados del norte;
> [14]sobre las alturas de las nubes subiré, y seré
> semejante al Altísimo.

La rebeldía en cualquiera de sus facetas, por pequeña que sea, es simplemente un reflejo del diablo. Ella fue precisamente el inicio de toda esta epidemia llamada pecado. Los métodos no transforman a las personas, razón por la cual es de suma importancia entender que el pecado no será curado por el hombre. Esta temible enfermedad solo tiene un antídoto, y por ridículo que le pueda parecer, se encuentra en las bellas páginas de la Biblia.

En ella hallamos un hermoso relato del encuentro de un hombre pequeño de estatura con Jesús. El Maestro miró al hombre que estaba sobre el árbol; un hombre no querido por el pueblo, uno que no tenía muy buena reputación y que además contaba con muy pocos amigos. Cuando ese hombre, llamado Zaqueo, se encontró con Jesús, su vida cambió a tal grado que sus propios valores fueron removidos. Era imposible escuchar a un hombre como Zaqueo, ofreciendo rembolsar el dinero a todo aquel a quien hubiera defraudado, y no solo eso, sino que se lo devolvía cuadruplicado.

En esta peculiar historia encontramos el poder transformador de un evangelio para todos y, valga la pena decirse, que no hablamos de una actitud religiosa, sino que más bien de una correcta. Correcta ante Dios y ante los hombres.

¿Por qué digo esto? Porque cuando Jesús se encuentra con ese hombre, una de las cosas que le ofrece es su perdón, y este al ser perdonado por Jesús, encuentra también la paz con los hombres. Aquellos mismos hombres que antes lo despreciaban, ahora tenían la posibilidad de ser sus amigos.

Satanás ha pagado cara su rebeldía, ha sido degradado hasta los más bajos niveles, mismos que conducen a los caminos del infierno. Igualmente manipula a los perdidos, queriendo llevar al mismo hombre a su propio destino.

4

Consecuencias en el ser humano

Eva no tenía la menor idea de que cuando Dios le dijo en Génesis 3.5: «para que no muráis», no solo implicaba la muerte física a la que ella se hacía acreedora, sino que también a causa de esa desobediencia, una vez que el pecado entrara a este mundo, su hijo Caín sería el primer asesino sobre la faz de la tierra. A la vez Abel, su otro hijo, se convertiría en la primera víctima con que se abriría un interminable libro de muertes por asesinato.

Hoy, en la sociedad que nos toca vivir, no solo escuchamos de asesinatos violentos por el pretexto de sobrevivir. También los comenten personas que antes eran un «Hermoso Angelito», inclusive niños.

La muerte, una de las drásticas consecuencias de la desobediencia, ha llevado a nuestra sociedad a un grado totalmente reprobable. Dios, en Romanos 6.23, aclara y recalca lo mismo que le dijo a Adán en el huerto de Edén: «porque la paga del pecado es la muerte». A través de todos los tiempos, el hombre no ha entendido que después de servir al pecado toda una vida, el único reconocimiento o galardón por el servicio ofrecido simplemente es la muerte.

El pecado ha llegado a matar la conciencia. El hombre de estos últimos tiempos no tiene ningún tipo de remordimiento. Al llevar a cabo un asesinato, tal es su condición que proclama que si volviera a nacer lo volvería a hacer.

En el momento en que el pecado cobró lugar en la mente del ser humano, este perdió un gran porcentaje de su capacidad pensante. En la misma medida que el pecado ha proliferado, como se reproducen las naranjas en un huerto, se ha ido carcomiendo el resto de la capacidad pensante del hombre. Tanto que lo ha llevado a un estado animal en el que no tiene sentimientos. Esa pequeña duda que se sembró en la cabeza de Eva ha venido a ser como una pequeña bolita de nieve que a través del camino y el tiempo se ha convertido en una gigantesca masa incontrolable.

El pecado no solo ha matado a personas, ha matado la confianza en Dios, la pureza, la esperanza, la vida y también la paz.

En algunas iglesias, la armonía es una historia muy bella. Historia que hoy yace sepultada en el olvido, la comunión o la confianza entre hermanos. Han muerto nuestros más grandes valores, nuestros más nobles deseos, hemos perdido la visión, hemos llegado a un estado inerte en el que nos da lo mismo el día que la noche, la paz o la guerra. No está en nosotros ya ese deseo que había en Jesús y que a la vez se convirtió en una ordenanza: «porque el Hijo del Hombre vino a buscar y a salvar lo que se había perdido» (Lucas 19.10).

El pecado que mató la eternidad del hombre, el cuerpo, la confianza y muchos otros aspectos, ha hecho sus peores estragos en el mundo. Ha llegado a matar a las iglesias, la santidad, la hermandad, el deseo de hablar de Cristo. En muchos corazones está muerto el deseo de luchar por una buena causa, está muerto el deseo de ser un soldado militante del cielo, está muerto el deseo de buscar lo que se había perdido.

Contamos detrás de los púlpitos victorias aparentes, elocuentes informes financieros con ganancias en nuestro haber. Contamos y llevamos a cabo el deseo de tener el equipo técnico más sofisticado, para que nuestra voz sea oída de la mejor manera; pero nunca nos detenemos a mirar quiénes son las bajas que hemos sufrido en esta batalla donde también los buenos mueren.

El pecado ha matado en algunos de nosotros las cualidades del buen pastor y nos ha convertido en el pastor que menciona Zacarías 11.16: «Porque he aquí, que yo levanto … a un pastor que no visitará las perdidas, ni buscará la pequeña, ni curará la perniquebrada, ni llevará la cansada a cuestas, sino que comerá la carne de la gorda, y romperá sus pezuñas».

El pecado ha matado muchos de nuestros más bellos deseos y sentimientos. No solamente entre las bancas de los templos ha muerto el deseo de servir. Entre los mismos pastores se lucha por matar a la más débil, se quiere la lana de la oveja, aun a costa de su propia vida. El pecado ha matado nuestra conciencia, haciéndonos sentir que lo que hacemos no es perjudicial. De esa condición brota la clásica expresión de nuestro tiempo: «A mí no me importa lo que piensen o sientan los demás».

Enfrentemos el amor y la justicia

Enfrentemos el amor

Ahora Adán y Eva se enfrentarían al amor, pero también a la justicia de Dios, al violar las leyes divinas. Aquellas a las cuales el hombre en muchas ocasiones pasa por alto, creyendo que su existencia es solo producto de la casualidad y que no existe un Dios fuera de todo nuestro entendimiento. Uno a quien tarde o temprano le tendremos que rendir cuentas: «Y vi a los muertos grandes y pequeños ante Dios y los libros fueron abiertos».

Eso está muy lejos de la mente de muchos, sumidos en el materialismo, que creen más a las filosofías modernas que a las órdenes antiguas plasmadas en un libro negro. Libro que ha dado a quienes lo llevan bajo el brazo el calificativo de locos. Pero locos porque entendieron y creyeron a Dios antes que a los hombres.

Adán, aunque tenía la cercanía de Dios —como nosotros—, también pasó por alto las órdenes de Dios.

Ahora se tendría que enfrentar a un Dios que no le dejaría de amar como reproche a su actitud, sino que le mostraría su amor, aun a pesar de su desobediencia. Al igual que muchos de nosotros cuando miramos la escena del huerto del Edén, del cual Adán y Eva fueron expulsados, puedo pensar que nuestra mente solicita a un Dios que perdone el pecado y que además restituya el lugar perdido. Pero eso no es así para Dios, Él siempre aplica un proceso de sanidad total.

Una de las cosas que nuestros primeros padres notaron, fue nada menos que su desnudez ante Dios. Y al contrario del hombre actual, que a través de los medios de comunicación promueve el nudismo, a Dios no le pareció correcto dejar a la primera pareja sobre la tierra desnudos por el resto de sus vidas. Hoy, cuando muchos reclaman el derecho a desnudarse, hace muchos años el Dios no conocido —como lo llamaban los griegos—, determinó vestir decorosamente al hombre y la mujer con túnicas de pieles.

El amor de Dios se mostró a Adán y Eva al tomar con amor y paciencia a esos dos desnudos por el pecado y vestirlos. Esa desnudez les provocó vergüenza y Dios los vistió con el fin de que se sintieran con la confianza de poder acercarse a Él. Todo indica que esa vergüenza de aparecer desnudo ante Dios, hoy el mundo la ha perdido; como lo afirma Antonio Cruz en su libro, *Postmodernidad*:

«La ética y el derecho modernos se fundamentarán exclusivamente sobre la voluntad del propio ser humano. La entidad basada en el mandamiento divino y contenida en las páginas de la Biblia perderá credibilidad para cedérsela a la pura voluntad de este ser que se considera, a sí mismo, como medida de todo».[1]

---

1. Antonio, Cruz, *Postmodernidad*. Pág. 25. Editorial Clie. Antonio Cruz. 1996 Printed in Spain.

Este hombre que se ha pervertido sin medida hasta el día de hoy, sigue escuchando de uno u otro modo el llamado amoroso de un Dios que sabe perdonar. Pero es de suma importancia mirar de nuevo la escena en la que muestra su amor, porque también aplica su justicia.

Enfrentemos la justicia

Adán y Eva fueron vestidos por el amor de Dios, pero debido a la justicia divina tendrían que sufrir el castigo por sus acciones. Castigo que no es injusto puesto que Dios les había anticipado que si desobedecían sus órdenes habrían consecuencias. Como se sabe, la consecuencia es la sentencia de la advertencia. Y no solo los afectó a ellos, sino que ha llegado hasta nosotros como traspaso del pecado y la muerte.

Hoy la muerte es algo a lo que casi nadie se quiere enfrentar, pero aun más terrible que la muerte física, es lo que la Biblia describe de la siguiente manera en Mateo 10.28:

«Y no temáis a los que matan el cuerpo, mas el alma no pueden matar; temed más bien a aquel que puede destruir el alma y el cuerpo en el infierno.[2]

Al igual que nuestros primeros padres enfrentaron la justicia de Dios, cualquier individuo nacido en el mundo que conocemos, cual sea su creencia o manera de pensar, no escapará de la justicia de Dios. Por esta razón, cualquier hombre sobre la tierra, de cualquier raza o creencia, debe recurrir al amor de Dios, para esperar en Él su justicia.

---

2. *Reina Valera Revisada 1960*, Sociedades Bíblicas Unidas, Estados Unidos de América, 1998.

Transmisión de la muerte

I. Muerte física.

Tal parece que este tipo de muerte es la más terrible o, puesto desde otro punto de vista, la más temida por el hombre. Pero no hemos logrado entender que no es simplemente la muerte física la que nos debería aterrar o hacer sentir temerosos. Acerca de la muerte tendremos que aclarar que la del cuerpo solo nos conduce a la eternidad de vida:

> «La muerte no es un mal, sino una simple
> metamorfosis, el momento de pasar de una forma
> inferior a una superior».[3]

Pero hay distintos tipos de muerte en los cuales casi nunca pensamos, puesto que son intangibles y creemos que son menos dañinos al hombre. En Génesis 2.17 dice: «El día que de él comieres, ciertamente morirás». La muerte es desde el principio un término conocido por Dios. De ahí que el hombre haya sido advertido de su existencia. La muerte no pertenecía al primer plano de vida establecido por Dios. Nada en la tierra sería afectado por la muerte, a no ser que fuera introducida de alguna manera en el nuevo mundo que Dios formaba para el hombre. Dios, en el horizonte que planeaba para el hombre, lo creó con vida eterna. Una vida que no terminaría con el deterioro del cuerpo externo.

«Platón decía que el cuerpo era la cárcel del alma», pero en el plan de Dios no estaba encarcelar al hombre en la cárcel del cuerpo sino que más bien le otorgaba una personalidad distinta a

---

3. *Introducción a la filosofía* Pág. 424. Editorial Clie. 1999 Por el autor: Alfonso Ropero. Printed in Spain.

las ya existentes, en este caso nos referimos a los ángeles y a esos seres celestiales que encontramos repetidas veces al leer las páginas de la Biblia.

En el principio creador de Dios —que miramos en todos los otros seres angelicales— no encontramos muerte, ni siquiera con los ángeles caídos la hay. Más bien es un traspaso de sus propios cuerpos o estructura angelical a una nueva en deterioro, producto de su rebelión en contra del Padre celestial.

La muerte, en el caso del hombre, tendría que ser introducida al mundo por el mismo hombre, ya que este era al que Dios había destinado la creación del mundo y quien además sería su habitante. La muerte no sería introducida al mundo por nadie más que no fuera el hombre, ya que a nadie más le fue otorgado el cuidado de la tierra.

A las plantas no les fue dada la orden de abstenerse de algunas cosas que se encontraban en el huerto, ni a los animales que se encontraban en el huerto. Solamente al hombre se le negó que comiese del árbol. El hombre fue en una acción de desobediencia contra lo ordenado por Dios, encontró que lo que le había sido advertido era totalmente cierto, una de las primeras cosas que Adán y Eva experimentaron fue nada más que: la muerte de la comunicación con su Creador, la muerte de la inocencia, la muerte de la tranquilidad de la que ahora entenderían cuán importante era tenerla.

La muerte ahora sería parte del diario vivir. Ahora comenzaría a notar que las plantas mueren, que los animales tendrían que morir, incluso con el fin de vestir al desnudo hombre que ahora al haber enfrentado la muerte de la inocencia, tendría que acostumbrarse a vestir su desnudez y cubrir de esa manera lo que antes era cubierto por la inocencia.

También la tierra estaba destinada a la muerte, el hombre se encargaría de hacerla morir juntamente con él. El ser humano se enfrentaría al proceso de envejecimiento.

En la actualidad muchos hombres y mujeres tratan con afán el hecho de no ser afectados por este proceso que se inició en el huerto del Edén y que no podrá ser detenido por ningún científico, puesto que el hombre ha sido sentenciado a desgastar su cuerpo material para llegar al pasadizo por el cual nadie quiere pasar y que se llama muerte.

Debemos reconocer entonces que la muerte es un elemento implícito en la vida del hombre, y como dice Alfonso Ropero en su libro *Introducción a la filosofía*:

> El hombre no solo no huye de la muerte, sino que
> se comprende formalmente a sí mismo como
> mortal.[4]

> El envejecimiento y la defunción vienen
> determinados en la información genética que portan
> los cromosomas humanos, pero no así el pecado.[5]

Algo de lo que no nos podemos deshacer, es esa compañera llamada muerte, y que nos lleva de la mano por la vida hasta que esta misma nos conduce a las fronteras de lo eterno y nos entrega a un mundo donde el tiempo y la materia no existen. La muerte es el vehículo que nos llevará a encontrarnos con el eterno futuro que escogimos en vida. Esta vida a la cual nos enfrentamos al llegar a ella sin saber nada y que con el paso del tiempo tenemos que ir agregando a nuestra memoria y conciencia los términos en los cuales estaremos, mientras existamos.

---

4. *Ibíd.*, p. 584.
5. *Sociología: Un enfoque cristiano*, Pág. 232. Editorial Clie. 2001 Por Antonio Cruz. Printed in Spain.

Sabemos que el hombre es mortal, y lo entendemos muy bien, pues todos los días la muerte tiene que conducir a muchas personas a lo eterno. La separación del alma y el espíritu del cuerpo es lo que ocasiona que este quede sin vida. Por esta razón entendemos entonces que los dos mencionados anteriormente solo son los habitantes temporales del cuerpo que está sentenciado al polvo, del cual ha sido tomado.

Es la muerte la que se encarga de esa separación. Después de ejercer su autoridad sobre el cuerpo del pecado lo único que le queda es destruirlo, pues para nada le sirve un cuerpo muerto.

II. La muerte de la buena conciencia

La palabra «conciencia» viene del griego que significa «un conocimiento acompañante». Es el conocimiento de nuestros actos morales en conexión con alguna norma o ley moral, lo que se concibe como nuestro verdadero ser y, por lo tanto, tiene autoridad sobre nosotros.[6]

Con toda buena conciencia he vivido delante de Dios hasta el día de hoy. Pablo.

Estas son las palabras de un hombre que atravesó un valle de lágrimas, vivió las razones más perversas del hombre, tanto así, que llegó a morir a manos de una mala conciencia.

En este particular caso, refiriéndonos a la conciencia y los valores que le dan forma al uso del conocimiento, es importante recalcar que tal y como sabemos cosas, entendemos que será la decisión de cada universo particular (persona) lo que hará con esa conciencia del concepto de verdad en la ejecución de las acciones futuras del hombre. Esto dado que cada

---

6. *Strong*, p. 498.

individuo dará formación de manera única y personal a los valores que él mismo considerará como verdad y justicia.

El hombre ha querido llegar en su sabiduría a un nivel que rebase el conocimiento humano, para lograr conocer lo mismo que Dios. En este uso de la conciencia el hombre ha perdido su capacidad pensante, hasta el grado de usar los conceptos conocidos en una mala dirección. El sicólogo José Luis Pinillos afirma:

«Sin cerebro no hay conciencia, pero la conciencia no es el cerebro».[7]

Hoy se prefiere sentir, en vez de pensar.[8]

Es verdad que hoy proliferan por doquier religiones de todo tipo y que muchos individuos procuran saciar su sed espiritual de diferentes maneras, pero el anhelo profundo del alma humana continúa siendo el mismo. El deseo de probar el fruto prohibido para ser como dioses, la aspiración primigenia a la emancipación del Creador y al autogobierno, siguen presentes en todos los rincones de la geografía humana.[9]

Conciencia (l. conciencia)1 f. Conocimiento que el espíritu humano tiene de su propia existencia, de sus estados y de sus actos: no tener ~ de sus propios

7. *Sociología: Un enfoque cristiano*. Pág. 129. Editorial Clie. 2001 Por Antonio Cruz. Printed in Spain. Págs. 130 y 131.

8. *Sociología: Un enfoque cristiano*. Pág. 129. Editorial Clie. 2001 Por Antonio Cruz. Printed in Spain. Págs. 130 y 131.

9. *Sociología: Un enfoque cristiano*. Pág. 129. Editorial Clie. 2001 Por Antonio Cruz. Printed in Spain. Págs. 130 y 131.

méritos; ~ de clase, asunción sicológica de
pertenencia a una clase social, que implica practicar
los valores que se consideran propios de
ella. 2 Propiedad del espíritu humano de formular
juicios normativos espontáneos e inmediatos sobre
bondad o maldad de ciertos actos individuales
determinados.

Significado. La palabra fundamental del grupo a que pertenece *syneideusis* es *synoida*, que aparece rara vez en el NT y significa «yo sé juntamente con» (Hechos 5.2; cf. la etimología estricta de, el equivalente latino *syneideusis*, o —como se usa en la construcción *hautou syneidenai*— algo similar a la facultad del «conocimiento de uno mismo».[10]

CONCIENCIA. Facultad común a todos los
hombres (Romanos 2.13-15) que nos permite
discernir entre el bien y el mal y nos impulsa a
escoger entre los dos. Tanto la naturaleza como la
Biblia enseñan que la conciencia opera en todo
nuestro ser en relación con los problemas de
carácter moral.[11]

La conciencia podríamos decir que es el lector y ejecutor de los sentimientos. Mientras que el alma siente la necesidad de amar, el conocimiento define sus métodos y acciones hacia lo que su conciencia determina que es el amor. La mala

---

10. Douglas, J.D. *Nuevo Diccionario Bíblico Certeza*, Ediciones Certeza, Barcelona, Buenos Aires, La Paz, Quito, 2000, 1982.

11. *Nuevo Diccionario Bíblico Ilustrado*. Editorial Clie 1985. Printed In Spain Pág. 177.

conciencia de nuestro tiempo ha llevado a la confusión del alma, llegando a pensar que una relación sexual es amor, porque es interpretado bajo un concepto físico, lo que para el alma es un sentimiento inmaterial en lugar de una acción.

Por esta razón es que el día de hoy existe y se patrocina el sexo desenfrenado, inducido a producir amor en el hombre, sin saber o entender que el sexo podría ser el producto del amor que se origina en un sentimiento de buena conciencia.

El hombre a través de los tiempos en sus acciones ha dejado mirar la clase de uso que da a sus conocimientos basado en su buena o mala conciencia. Porque

> La mejor de las ciencias puras cuando se convierte en aplicada, tanto puede servir para el bien como para el mal. Ahí están para confirmarlo los múltiples arsenales militares con su nuevas tecnologías bélicas. Cuando el conocimiento se transforma en instrumento de poder y esclaviza al ser humano, puede tratarse incluso de algo muy científico, pero la certeza que proporciona no sirve para aprender a vivir.[12]

Es por eso que debemos poner especial cuidado a la muerte de la buena conciencia, puesto que una vez que ello ocurra su ausencia dará inicio a una fatídica, destructiva, enajenante e interesada conciencia. Una que se dedique a actuar de manera egoísta, tanto que no importe a quién haya que destruir con el fin de conseguir sus propósitos personales, llevando así a que nos encontremos en una sociedad plagada con mala

---

12. *Sociología: Un enfoque cristiano*. Pág. 132. Editorial Clie. 2001 Por Antonio Cruz. Printed in Spain.

conciencia incapaz de dar credibilidad a la razón y los buenos sentimientos, que día a día son mas difíciles de encontrar.

El sociólogo Max Weber fue quizás uno de los primeros en darse cuenta de que la racionalización moderna de la sociedad no conducía a ningún paraíso en la tierra, sino más bien a un mundo completamente deshumanizado.[13]

Visto desde el panorama de una mala conciencia, diríamos entonces que aunque todo hombre tiene buenas intenciones, muchas de ellas solo son el reflejo muerto de una buena conciencia, porque las buenas intenciones no producen nada, hasta convertirse en buenas acciones.

III. La muerte de la dignidad

Dignidad:
1. f. decencia, decoro, gravedad, honestidad, honra. Se refieren a la formalidad de las personas a la hora de cumplir con los compromisos adquiridos: Aquí se trabaja con mucha dignidad. 2. caballerosidad, nobleza, hidalguía, pundonor, lealtad, generosidad; bellaquería, deslealtad. Se refieren al comportamiento respetuoso. Sinónimos.

La Palabra de Dios menciona en el libro de Judas 1.6 claramente la definición de la dignidad, ese concepto perdido, y las consecuencias que ha traído no solamente a los

---

13. *Sociología: Un enfoque cristiano*. Pág. 129. Editorial Clie. 2001 Por Antonio Cruz. Printed in Spain.

ángeles al perderla, sino al mismo hombre. Este, al igual que los ángeles que menciona Judas, dejó su primer estado establecido por Dios, quien en su infinita sabiduría sabe y sabía que era lo que más le convenía al ser humano. A través de la Biblia podemos encontrar cuál es la columna vertebral de la dignidad del hombre. Adán y Eva inmediatamente después de pecar (Génesis 3.7) cosieron hojas de higueras y se hicieron delantales.

Ellos tenían que cubrir su dignidad, habían perdido algo preciado: la inocencia que gozaban antes de pecar. Esa falta de dignidad los hacía huir de la presencia del ser Supremo. Siempre estuvieron desnudos, ¿por qué ahora tenían que cubrirse? Porque el pecado deja al descubierto nuestra vileza, nos presenta ante un Dios del cual nos tenemos que esconder. Adán no podía ahora platicar con Dios, ¿por qué? Si siempre había hablado con Él. La comunicación ahora estaba rota, ya no existía la tranquilidad que es quitada por la culpa. Se sentían culpables, esa dignidad —que podría traducirse en tranquilidad, paz y otros beneficios—, tuvo que ser cambiada por hojas de higueras, algo inerte, y por un escondite para poder platicar con Dios.

Dando un gigantesco paso a nuestro presente, podríamos decir que aquella falta de dignidad que produjo tal clase de escándalo como para esconderse de los ojos del Altísimo, se ha convertido en algo natural. Hoy tenemos que guardar silencio ante la modernidad, o más bien diría ante la inmoralidad, y aceptar que nuestra sociedad se plague cada día más del libertinaje.

Las mujeres de la actualidad, los hombres de hoy, siguen viendo el árbol de Génesis 3.6 agradable a los ojos y apetecible para comer. Árbol codiciable para alcanzar la sabiduría. Esto no es un pasado, es un presente, una historia que se repite día a día. Y si pensamos que es en el mundo, creeríamos que todo está bien, pero no. Sucede a nuestro alrededor, está muy cerca de nosotros y a veces aun en nosotros.

Hoy no cubrimos nuestra desnudez con hojas de higuera, sino con elegantes atuendos y educada cortesía, por no decir hipocresía. Es necesario, como menciona la Biblia en el libro de Jeremías 6.16, que paremos en los caminos y miremos, y preguntemos por las sendas antiguas, cuál será el buen camino y andar por él.

Debemos recobrar nuestra dignidad, aquello que nos permite presentarnos limpios ante Dios. Cuando eso ocurra será como menciona el resto del versículo citado: «y hallareis descanso para vuestras almas».

Expulsados del paraíso

Mientras Adán estuvo en el Huerto de Edén no conoció el miedo, la culpa, la soledad. No conocía nada que no fuera el huerto. En este Dios mismo platicaba con él. Tenía la confianza de que el autor de su existencia estaría a su alcance para ayudarlo en cualquier tarea difícil. No tenía un enemigo declarado, al menos hasta ese momento, y mucho menos sabía los propósitos que este perseguía.

Adán tuvo todos los cuidados que un padre puede darle a un hijo. Solo que en este caso se trataba del Padre celestial. Tenemos que reflexionar que Dios le advirtió a Adán el peligro que corría en caso de desobedecer sus mandatos, pero nuestro padre Adán y su compañera Eva, no tomaron las precauciones necesarias.

A Adán, fuera del huerto, solo le quedaba una cosa: pedir perdón. Pero ahora tenía un sentimiento arraigado en su conciencia y era la culpa. Tenía la sensación que todos hemos tenido alguna vez cuando cometemos un delito. No solamente nos sentimos culpables, sino que además de eso esperamos ser castigados, espera que nos mantiene en el filo de la butaca. Adán por primera vez experimentó el temor (Génesis 3.10): «Oí tu voz en el huerto y tuve miedo y me escondí porque estaba desnudo». Sentimiento que a partir de ese momento no solo iba a afectar su estado emocional, sino que a la vez lo trasmitiría a todos nosotros, puesto que somos descendientes de Adán.

Adán nunca había tenido conciencia del dolor, pero ahora —después de la desobediencia—, el dolor no solo sería para Eva, sino que para él y todos sus descendientes.

En cierta mañana de mi vida, cuando aún era un joven de dieciocho años, llegué a la casa de una mujer que conocía. Miré a un lado de su cama, había los indicios de una noche tempestuosa. Lleno de inocencia le hice una pregunta: ¿Por qué lo haces? La respuesta que recibí de esta mujer me impresionó.

«Un día tuve un hogar, una persona a quien amaba, un padre para mis hijos y un paraíso para mi familia. Pero me engañó. Mi esposo me dejó, y se fue con otra mujer abandonándome a mí y a mis dos hijos. Hoy tengo que trabajar de este modo vendiendo caricias porque no sé hacer otra cosa. Con lo que ganaría en un trabajo común nunca tendría para darles a mis hijos un buen plato de comida y un buen calzado y mucho menos tiempo para ellos. Ellos merecen mi sacrificio, todo lo que soy, aunque el día de mañana se enteren de lo que su madre tuvo que hacer para mantenerlos. No lo hago por placer o dinero, sino por dar a mis hijos el pan de cada día y algo más.»

Esta es la historia de alguien como las muchas personas que hay en este degradado y marchito mundo, donde las flores han pasado a ser espinas y donde las espinas han tenido que ser el pan de cada día.

«En una ocasión, un día de trabajo común, Dios me dio lo siguiente:

Qué triste es ver caer
Almas al fuego,
Por no poder hallar
Lo verdadero.

Qué triste es ver llorar
A madres solas,
Por no poder hallar
Amor sincero.

¡Vamos!, digamos que en Jesús
Hay libertad y amor sincero
¡Vamos!, gritemos a alta voz
Que en Jesús hay libertad y amor
    sincero.
Qué triste es ver llorar
A un niño solo,
Por no poder tener
Un padre bueno.

Qué triste es ver morir
Un inocente,
Sin ni siquiera ver
La luz de un nuevo día.

«Aunque toda mi vida recordaré ese trabajo sucio que tuve que hacer para mantener a mi familia, lo recordaré por la gran verdad que Dios me enseñó en él: Muchas personas día a día están cayendo en el fuego porque Satanás los sacó del paraíso.»

En realidad ese es el tema que en este inciso quiero tratar. Debo decir que soy hijo de una familia en la que el padre era un pastor que dedicó veintidós años a la obra de Dios. Aunque no me preguntaron si también quería llevar la cruz, tuve que cargar una que no era mía, como José de Arimatea. Les puedo decir que no es fácil, pero a muchos años del pasado, entiendo que fueron las raíces que su servidor necesitaba para poder llegar hasta sus hogares y expresar de esta manera el gran comunicado de Dios. Un Dios que no comete accidentes, sino que formula planes para individuos, porque construyó el mundo para que tú y yo lo habitáramos y no fue producto de una catástrofe en el espacio como lo señalan algunos.

A lo que quiero llegar es a lo siguiente: el diablo, lo más horrendo que existe en todo el universo, engañó a Adán y a Eva. Estos, por obedecer a la mentira, fueron expulsados del paraíso. Satanás, día a día, continúa expulsando del paraíso a personas indefensas cuya esperanza está en sus pequeños héroes: sus padres.

Cuando miro al pasado y pienso que yo también pude ser expulsado de mi paraíso —donde no cuidaba mis pasos porque tenía quien me los cuidara—, se me estremece el corazón y doy gracias a Dios porque no permitió que Satanás destruyera mi paraíso. Cuando un hogar es destruido, el paraíso de esas personitas indefensas se termina, son expulsados; porque ya no estará el custodio día y noche como al principio; porque el pan de cada día ahora será un problema, porque el amor del padre o la madre tendrá que ser una escasez a la que tendrán que acostumbrarse, porque ahora no habrá unos padres a quien darles las gracias por sus cuidados y darles sus besos de buenas noches. Porque no habrá quien relate una bella historia antes de dormir, quien acaricie y quien llame de mañana y pregunte: ¿Cómo amaneciste, tienes hambre?, Pasa a la mesa y come.

Cuando voy a las grandes ciudades y encuentro niños durmiendo en las calles sin cobija ni almohada y, lo que es peor, sin hogar, entiendo que es porque han sido expulsados del paraíso. Y ahora sus noches son eternas, frías y sin ninguna clase de seguridad. Es más, bien pueden pasar esa noche como bien puede ser la última que pasen. (No hagas caso, estoy llorando.) Como Adán, que imagino sentado en uno de los lugares cerca del huerto, llorando consigo mismo. Tal vez diciéndose: «Lo he perdido todo. No puedo regresar. Hay una gran barrera para entrar».

Me figuro que miraba sus pies y podía encontrar las marcas de las espinas que no conocía; las huellas en sus manos producto del trabajo que tampoco conoció. Como los niños sin padres, que miran a otro niño de la mano de sus progenitores y se preguntan: «¿Qué quiere decir eso?, o ¿Por qué lo hacen? Yo nunca he sabido que es ir de la mano de uno de mis padres. Nadie me ha dado un beso de buenas noches ni me ha contado una historia para dormir». Son las marcas de las espinas que antes eran rosas de olor fragante. Son las marcas imborrables que deja el pecado; el miserable y maldito pecado.

Pero en este caos de infortunios, se levanta en el Gólgota o más bien en el lugar de la calavera, una cruz, bendita cruz, porque en ella se abriría el camino del retorno a lo bello. Allí donde el Maestro dijo: «Hoy estarás conmigo en el paraíso», porque existe un paraíso.

Cuando Adán fue expulsado de allí, la Biblia nos señala que puso Dios querubines que resguardaban el camino de entrada al paraíso. Me imagino a Adán desde la otra orilla suspirando por regresar, diciéndose a sí mismo: «Lo he perdido». Al mirar la espada que revoloteaba en la entrada del huerto probablemente decía: «Moriré si intento pasar». Y ese era justamente el camino de regreso al paraíso: La muerte física, para dar paso a la vida espiritual.

Jesús le dio acceso al ladrón, en la cruz, al paraíso. Me imagino que los ángeles —que eran los responsables de que nadie pasara al otro lado—, en ese momento cuando el ladrón caminaba hacia el paraíso, con la imagen de Cristo en su rostro, se erguían, unos a la derecha y otros a la izquierda, para abrir paso al primer hombre mortal producto de la salvación pagada con la sangre de Cristo.

El camino para el ladrón estaba abierto; él marcó las primeras huellas en esa dirección, camino que desde entonces sería transitado incansablemente por personas lavadas con la sangre de Cristo, el único capaz de perdonar pecados. Ahora el paraíso se recobró y no sería el hombre expulsado de él nunca más, pues ahora es para siempre. Amén.

Consecuencias en Eva

i. La multiplicación de los dolores de parto
(Dolor: aflicción, pena, pesar, pesadumbre, tristeza, desconsuelo, tormento, suplicio, angustia, tortura, duelo.)

Tal parece que los dolores —comunes en todos los partos— seguirán siendo la sentencia de Dios. Lo ha dicho en Génesis 3.16: «A la mujer dijo: Multiplicaré en gran manera los dolores en tus preñeces; con dolor darás a luz los hijos».

Las palabras de nuestro Dios son una orden inviolable, como todos los estatutos que nuestro Dios ha dado "al hombre". Sabemos lo que la ciencia médica ha realizado en cuanto a la eliminación de los dolores de parto, pero tal parece que aunque el hombre se afane en eliminarlos a través de todos los tiempos, la sentencia de Dios ha marcado la gran orden que es imposible remover. Otras ordenanzas divinas nos dejan de manifiesto que aunque el hombre ha realizado numerosas hazañas, se ha reservado bajo su autoría todos los derechos de su obra magna «EL HOMBRE». Está establecido para los hombres que mueran una sola vez (Hebreos 9.27) y sabemos sin temor a equivocarnos que los hombres mueren y que no hay escapatoria a esta resolución divina, porque ha sido la ordenanza del supremo Creador: «polvo eres, y al polvo volverás» (Génesis 3.29). A través del proceso de desintegración del hombre sabemos que al final del mismo, termina siendo el polvo del cual fue formado.

En cierta ocasión trabajé en la construcción de una carretera en México. En una de las excavaciones que el equipo pesado realizaba para cortar la montaña y construir la carretera allí, recuerdo que uno de los operadores encontró un esqueleto humano. Cuando nos detuvimos a mirarlo de cerca, me llamó mucho la atención que a su alrededor lo único que existía era simplemente polvo.

Y pensar que hay quienes niegan la autoridad de las Sagradas Escrituras en cuanto a eso. Las referencias que encontramos en la Biblia, sin embargo, han sido comprobadas a través del tiempo, que se ha encargado de entregarnos la mejor prueba de que son verdades absolutas, invariables e imborrables.

Las leyes establecidas por Dios para el hombre, solo dejarán de existir cuando fenezca el mismo hombre. Dicho de otra manera: Como el hombre es un ser terreno, las leyes establecidas por Dios para lo terrenal solo terminarán cuando aquel termine. Existencia que solo concluirá para el mundo terrenal, porque como usted sabe una vez que abandonemos lo terrenal y dejemos atrás las leyes que ahora no podemos violar, el propio Dios nos llevará al lugar donde nos tiene preparadas nuestras moradas. Allí será cuando entenderemos a ciencia cierta por qué el hombre no ha podido ser capaz de eliminar los dolores del parto.

Fue una ordenanza de Dios y como tal es inviolable. El hombre ha hecho lo que ha podido, pero Dios ha ordenado lo que le ha placido. Entendamos entonces que la multiplicación de los dolores del parto es solamente la sentencia a la advertencia del Dios autor y autoridad sobre el hombre.

> Los dolores que produce el trabajo del parto en la mujer se pueden paliar de manera muy efectiva mediante la analgesia epidural. Esto ha hecho que su uso se haya generalizado en muchos países. Pero aún hay cierta controversia respecto a esta técnica, pues puede ser que la relajación del dolor del parto pueda suponer que el trabajo del mismo se prolongue más de lo normal. El problema de que el tiempo del parto aumente es que incrementa el riesgo de tener que finalizarlo instrumentalmente o mediante cesárea. El creciente uso de la analgesia epidural ha sido paralelo al aumento de las cesáreas en los últimos dos años en los Estados Unidos, por lo que se cree que el primero es la causa del último.

Realizar estudios en estos grupos de población es complicado, por lo que no hay evidencia certera que apoye esta hipótesis.

Consulte en la siguiente dirección electrónica: http://www.ucm.es/info/fmed/medicina.edu/Ginecologia/dolorparto.htm

¿Cómo comienzan los dolores de parto?

Nadie sabe exactamente qué da inicio a los dolores de parto, si bien es posible que los cambios hormonales desempeñen un papel importante. La mayoría de las mujeres se dan cuenta cuándo empiezan, pero a veces es difícil saberlo con exactitud.[14]

El parto es un proceso muy complejo en el que participan diferentes órganos y sistemas aunando sus esfuerzos para poder expulsar al feto y la placenta del seno materno. Este proceso se divide en tres períodos concretos:

1. El primer período comienza con la fase latente del parto (dilatación cervical progresiva, acompañada de contracciones uterinas periódicas) y concluye en el momento en que la cerviz está completamente dilatada.

2. El segundo período comienza con la dilatación completa de la cerviz y concluye en el momento de la expulsión del producto.

3. El tercer período comienza con la salida del producto y termina con la expulsión de la placenta.

---

14. http://www.medem.com/medlb/article_detaillb.cfm?article_ID=ZZZ9VC
    V8UKC&sub_cat=599

Durante el primer período del parto, el dolor está mediado por la inervación aferente del útero a través del nervio simpático, que en última instancia alcanza los segmentos medulares T10-L1. Los dolores del primer período del parto son dolores referidos, esto se explica por la coincidencia en las neuronas que inervan el útero y la pared abdominal anterior.[15]

Y por último diremos lo siguiente: Si el dolor no se puede quitar y no se quiere sufrir, lo mejor será pedir a Dios su ayuda y su protección.

La sumisión que el hombre abusa

«… y tu deseo será para tu marido, y él se enseñoreará de ti» (Génesis 3.16).

Abigail Adams en las cartas a su esposo John, expresa: «No entregues a los hombres el poder sin límites. Acuérdate que todos los hombres serían tiranos si pudieran (Sonia Daugherty, *Ten Brave Women*).

En la interminable y ventosa región desértica de Mauritania, que va desde Senegal hasta Marruecos, unas noventa mil personas que viven en condiciones de esclavitud no se rebelan. Ni siquiera maldicen su suerte. Suele pasar eso después de quinientos años de sumisión.[16]

Abuso matrimonial
Una encuesta actual de violencia matrimonial reporta aproximadamente que una de cada siete

---

15. http://www.drscope.com/pac/anestesia-1/b2/an1b2_p29.htm

16. *The New York Times* Magazine. http://www.wzo.org.il/amisrael/creados.html

parejas estadounidenses[17] han usado una forma de
abuso físico durante un argumento el pasado año.[18]

«El hombre es el sexo fuerte» se ha dicho infinidad de ocasiones. Pero diremos con un poco más de acierto, que el hombre no necesariamente es el sexo fuerte, sino que a través de
los tiempos lo que el hombre sí ha demostrado es que abusa
de su más hermosa compañera: la mujer. Algunos en su afán
de dominar, llegan incluso al abuso verbal, físico y mental. El
hombre, al llegar a los más bajos instintos no solamente lasti-
ma a la mujer, también denigra de su persona.

Permítame comentarle lo siguiente, ¿quiénes son los
que más son exhibidos en los grandes anuncios?, ¿no es la
mujer casi desnuda, aquella que sirve de carnada a los com-
pradores que por satisfacer el ojo llegan hasta donde el instinto los conduce? ¿No es la mujer a la que la sociedad no le
perdona nada cuando se equivoca? ¿No es la mujer a quien
se le puede despojar de todo, incluso de sus prendas personales, para exhibirlas como objetos sexuales y de placer lu-
jurioso? En nuestra sociedad alguien diría con sarcasmo:
«Un millón de dólares por un cuerpo desnudo y cincuenta
centavos por el alma».

El hombre ha llegado a los límites más bajos en cuanto al
abuso de quien se le entregó en un principio como su compañera. Algunas mentes enfermas han llegado incluso a destituir
a la Mujer como compañera del hombre, sustituyéndola con
un cuerpo de hombre; queriendo suplantar la belleza de una
hermosa mujer.

---

17. *La Historia de los Estados Unidos: La Diversidad de sus Pueblos* Segunda
    Edición. 1989 By Martin Publications, a subsidiary of M & R Martin
    Associates, Inc.

18. http://ministros.org/Ilustraciones/a-z/a/abuso.htm#ABUSO%20MATRIMONIAL

Sin embargo, nada hay parecido en la creación a esta criatura a la que Dios distinguió otorgándole el derecho a dar a luz una nueva vida. A la que adornó con la ternura y el carácter necesario para cuidar a cada ciudadano que llega a este mundo bajo su custodia y enseñanza en sus primeros años de niñez.

Por supuesto, cada uno de estos aspectos han sufrido malformaciones. Ellas se deben al abuso del hombre, que en realidad es más fuerte, de la fragilidad de aquella figura de quien todos hemos nacido. Personaje que nunca podremos negar es una pieza escultural indispensable en la vida de los vivos.

Consecuencias en Adán

Recuerdo que en mis años de estudiante, una vez surgió la discusión acerca de la culpabilidad o inocencia de la mujer respecto al pecado original. Algunos de mis compañeros estaban muy apasionados con el tema cuando una dama serena, con mucha paciencia y segura de lo que diría, expresó lo que tal vez resumía la discusión: «Lo único que quedó demostrado con Adán, al comer el fruto prohibido que le dio Eva, es la facilidad con que la mujer puede convencer al hombre para que haga lo que ella quiere».

Tomando este comentario como referencia diremos lo siguiente: A Adán se le dio una orden en cuanto al árbol del bien y el mal. Y las órdenes hay que cumplirlas. Además, hay que responder ante quien las da. Cuando alguien nos da una instrucción, ya sean nuestros padres, nuestra madre u otra persona, tenemos la responsabilidad de responder a lo que se nos solicitó. Este mismo es el caso de Adán, que no solamente afectaba a su persona, su entorno, su presente y su futuro, sino que además afectaría a todas las generaciones que vendrían tras él.

Adán solo sería el primer hombre en sufrir las consecuencias de una desobediencia a una orden divina. Ahora bien, si las desobediencias a las instrucciones humanas tienen consecuencias, ¿cuánto más las tienen las que van en contra de lo divino? Si observamos bien el asunto, veremos que este mandato era de origen divino y contaba con varios aspectos de suma importancia. Dios tuvo, tiene y tendrá todas las posibilidades de poder afectar nuestro pasado, presente y futuro. Bajo esa premisa, al darle una orden a Adán, trascendería a todas las generaciones que sucederían al primer hombre.

Aunque vivimos a miles de años de ese castigo impuesto por Dios a Adán, el tiempo no ha podido separarnos de sus consecuencias. Ni la ciencia ha podido eliminar la sentencia establecida por Dios. Pasemos a analizar algunas de las consecuencias imborrables dadas a Adán y traspasadas a toda la raza humana.

La sentencia dada a Adán afectó toda su existencia, su cuerpo físico, sus emociones y hasta su vida al pasar a la eternidad. El hombre fue diseñado con la intención de que viviera eternamente y es eso lo que en efecto ocurre con él. Como todos sabemos la materia prima del ser humano es el polvo de la tierra. Así que en el momento en que el cuerpo es retornado a su estado original, el espíritu —al igual que el alma— lo abandona. En esta separación el alma queda al descubierto, ya no tiene el cuerpo que le daba forma de manera terrenal ni el espíritu que le sostenía en el mundo. Es ahora cuando el alma sola tendrá que enfrentar la eterna persona de Dios. Pero hay que mirar varias cosas en la sentencia dada a Adán: esta afectaría de manera directa su estancia en el mundo de los vivos, y sería en vida que tendría que sentir la fuerza del castigo recibido.

Maldita la tierra por tu causa

«Maldito por Dios» significa estar «bajo la maldición de Dios».

La tierra es el único planeta habitable para el hombre. Son muchas las cosas que lo conforman para hacerlo el lugar donde el hombre puede habitar. Si consideramos los sucesos registrados en el Génesis, observamos que la tierra fue uno de los lugares que — igual que los otros mundos en el espacio— se encontraba desordenado y vacío. Pudo ser cualquier lugar el que Dios escogiera para poner la obra de sus manos, «el hombre». Sin embargo, fue la tierra el mejor para poner a la criatura según su semejanza. Un lugar equipado con oxígeno, plantas, mares, ríos, animales y todo lo que adorna nuestro planeta.

Adán había conocido un planeta que cumplía con todas las especificaciones que necesitaba para vivir, pero por causa de su desobediencia «la tierra» también sería afectado por la maldición impuesta por Dios. Ya no sería el lugar seguro para habitar, porque como ahora los animales ya no convivían con Adán, estos tenían el poder de hacerle daño. Un ejemplo literal de esa relación anterior aparece en las primeras páginas del Santo Libro. Allí encontramos que Eva había intercambiado una plática con una serpiente. Los resultados de esa plática los vemos en la sentencia dada a la serpiente y a Adán y Eva. Aún, hasta el día de hoy, todos los seres humanos sufrimos la maldición que ellos provocaron. La maldición que Dios pronunció sobre los involucrados nos ha sido traspasada a todas las generaciones.

Es preciso decir que hay una gran diferencia entre maldición y bendición. Esta trajo el cuidado del campo, mientras que la maldición produjo el trabajo para el campo.

La bendición es aquella que ofrece favor al hombre que la recibe, pero la maldición es la que le quita el favor recibido para dejarlo carente de lo más necesario y que hace mirar al mundo de otro color. La bendición le concedió a Adán un hermoso mundo donde habitar. La maldición retiró parte de lo hermoso del mundo donde vivía. La maldición que reposa sobre los hombres los convierte en seres hostiles, amargados, quejosos, insoportables, enfermos, solitarios y al final en muertos. Todo ese dolor producto de la maldición que desechó la bendición de la existencia del hombre.

El trabajo

El trabajo existe por la premisa de la subsistencia: Hay que trabajar para subsistir, hay que hacer nuestra parte en la vida. Somos parte, sin quererlo, de un gran equipo laboral. Unos hacemos lo que otros consumen. Unos fabrican lo que otros disfrutan. Algunos más afortunados piensan para que otros ejecuten.

En fin, en cierta ocasión alguien dijo: «Tan feo es el trabajo, que hasta pagan por hacerlo». El trabajo es también una de las cosas de las cuales no podremos deshacernos. De una u otra manera, el propio hombre lo busca ya que es la más conocida forma de ganarse el pan de cada día.

Espinos y cardos te producirá

Estas son las reacciones de la tierra al ser maldita por Dios. Desechó las cosas buenas —como fue al principio cuando Dios las creó—. Desechó lo que pasó la prueba de control de calidad divina. Aquello de lo que la Biblia declara: «Y vio Dios todo lo que había hecho, y he aquí que era bueno en gran manera» (Génesis 1.31).[19]

Fue precisamente ese momento el que marcó la diferencia entre la bendición y la maldición, como ya señalé. La

---

19. *Reina Valera Revisada* 1960, Sociedades Bíblicas Unidas, Estados Unidos de América, 1998.

tierra entonces comenzó un proceso de deterioro. En vez de ayudar al hombre en su vida diaria, haría esta labor difícil y además lo lastimaría, puesto que los cardos y las espinas —que todos conocemos— no son agradables en los pies de nadie.

Esto me recuerda aquella historia de niños cuando nos contaban de un león que tenía una espina en la pata y que no podía vivir en paz. Hasta que un día alguien le sacó la espina que tanto le hacía sufrir. Cierta vez, cuando jugaba con mis amiguitos, a la edad de ocho o nueve años traté de esconderme tras un nopal, pero resbalé y me estrellé contra el nopal, el cual me cayó en la pierna derecha. Fue un dolor intenso; si no hubiesen existido esas espinas sentenciadas en el Génesis, solo hubiese pasado el susto que la penca del nopal me produciría al caer sobre mí. Pero como las espinas creadas muchos años antes por la maldición divina suelen hacer me hincaron todo el cuerpo. Debo decir que no es nada placentero sentir cuán fuertes son las espinas y cuán difícil sacarlas de la piel, mucho menos erradicarlas de la vida vegetal.

Cuando miramos las hermosas plantas que Dios creó y de las que la Biblia nos dice: «Considerad los lirios, cómo crecen; no trabajan, ni hilan; mas os digo, que ni aun Salomón con toda su gloria se vistió como uno de ellos»,[20] Nos es difícil pensar en cuánta hermosura tenía la tierra antes de ser maldecida por Dios, antes de que comenzara a producir hierbas malas, espinos y cardos. Casi podría decirse que antes de la maldición de la tierra no existían plantas venenosas. Por supuesto, quizás alguien se pregunte en qué basa el escritor su comentario si cuando uno ve alrededor encuentra la magnífica obra del Creador piensa cuán hermosa y

---

20. *Ibídem.*

exuberantemente bella sería la tierra si no hubiese sido maldita por Dios a causa del hombre.

Sin embargo, lo que hoy vemos no es solo obra de esa maldición. Día a día seguimos destruyendo nuestro planeta. Y es triste decirlo, pero llegará el día en que será él mismo quien sufra las graves consecuencias, porque en lugar de labrar la tierra y cuidarla tal y como fue ordenado a Adán, pareciera que nos hemos enfrascado en destruirla.

Cuando vi la nieve por primera vez una poesía invadió mi mente y mi corazón. Dice así:

Amaneció de blanco el suelo
Por un momento pensé
Se ha puesto viejo el planeta
Ya de tanto batallar

Pues son tantos los pesares
Que no aguanta resistir
Tantas bombas, tantos males
Parece no aguantar más

Al mirar también al árbol
sin sus hojas de verdor
Dije un grito: ¡Está grave!
Algo debemos hacer

Es el suelo que pisamos
Pronto va a fallecer
La blancura está cubriendo
Todo, todo en derredor

Un momento, estoy soñando
Esto nieve solo es,
Sin embargo yo he pensado
Pronto vas a fallecer.

Con esa idea he reflexionado muchas veces en lo que el hombre ha hecho contra sí mismo, no solo contra el planeta ni el resto de la creación, sino contra su propia existencia.

Los espinos y los cardos ya no solamente se incrustan en nuestros pies, en muchos casos se clavan en nuestros corazones y nuestras almas, ocasionando aun más dolor que en nuestros pies. Perdimos el paraíso sin espinas. Y no tenemos capacidad para recuperarlo. El paraíso fue contaminado con un mal que le prohíbe la entrada al hombre. Y solo puede ser recobrado por Alguien superior al hombre. De lo contrario el hombre terminaría su existencia en una eternidad sin Dios.

5

El primer pecado en la raza humana

Sería un error decir que el primer pecado de la raza humana haya sido de carácter físico. Así que a través de este capítulo trataremos con lo que llevó a materializarse la primera acción pecaminosa del hombre en el mundo de los vivos. El planteamiento que cuestionamos en esta obra, si el hombre es una máquina del mal, implica más que sus acciones los sentimientos que originan esas acciones. Actualmente los tribunales juzgan los actos cometidos por el juzgado, pero no investigan los sentimientos que llevan a la realización de los actos que juzgan. Nos hemos dedicado a juzgar al hombre, pero no a cultivar un buen hombre. Eso ocurre porque el mismo hombre ha hecho de sí un producto y no se ve a sí mismo como alguien que necesita ser conducido por el buen camino. Y permítame comentarle que las muy criticadas iglesias —e incluso olvidadas por el gobierno— han sido las únicas que se han preocupado por cultivar al hombre que camina dentro del cuerpo.

El alma antes que el cuerpo

Debemos comprender las palabras de este libro cuando digo que el pecado no es una acción sino que más bien es un sentimiento, puesto que ninguna acción es ejecutada a no ser que las circunstancias que llevan a la consumación de un acto determinado se lleguen a dar. El cerebro registra la orden, el corazón o sentimientos (alma) determinan la acción, y es el cuerpo quien la hace presente en el mundo material. Es solo a través de la acción del cuerpo que podemos llegar a conocer las intenciones de los individuos.

> Al preguntarme pues que es la maldad, me encontré
> con que no es una sustancia alguna, sino solo la
> perversidad de un albedrío que se tuerce hacia las
> cosas inferiores apartándose de la suma sustancia
> que eres Tú y que arroja de sus propias entrañas
> quedándose solo con su hinchazón.[1]

Se lo ilustraré de esta manera:

Un hombre de buena apariencia estaba sentado en el banquillo que da justamente a la entrada del banco local, haciendo algunas anotaciones de lo que ocurre. Al verlo, lo único que podemos decir es lo siguiente: «Hay un hombre sentado en el banquillo que está frente al banco». No podemos decir más, ¿por qué? Porque hasta ese momento no sabemos qué es lo que ese individuo va a hacer con la información que tiene acerca del banco. Ahora le presentaré algunas cosas o acciones que el hombre frente al banco puede estar haciendo.

Podría ser que el hombre sentado frente al banco se encuentre haciendo una observación de la fachada del edificio para saber cuáles son las cosas que deberá cambiar en cuanto a esa construcción.

Podría ser también que sea un asaltante que está planeando su próximo robo. Tal vez planea asaltar a las personas que salen del banco o quizá el robo será al banco.

Es posible que el hombre haya tenido su día libre y el mejor lugar que encontró para ir, sentarse a descansar y disfrutar

---

1. *Lo mejor de Agustín de Hipona.* Tomo 2. Pág. 219. Editorial Clie. Traducido y adaptado al castellano por Alfonso Ropero, 2001.

de la mañana haya sido justamente el banquillo frente al banco.

Querido amigo lector, ¿cuál de todas estas sugerencias cree que sea la razón por la cual este hombre de camisa roja y pantalón azul haya escogió para pasar la mañana del día jueves frente al banco local? Ninguna de las expuestas en el párrafo anterior. Lo cierto es que ni siquiera sabríamos si tal hombre estaría sentado en el banquillo que da frente al banco si no es porque miramos un cuerpo.

La única manera en la que pudiéramos comprobar las razones por las que utilizó su mañana para sentarse en el banquillo frente al banco, serían las siguientes:

- Que conociéramos a tal hombre.
- Que hubiésemos visto al hombre y platicado con él.
- Que el periódico local hubiese dicho que ocurrió con él.
- O que uno de nosotros haya sido ese hombre.

Así como uno se pregunta qué significa ese hombre es que se producen las acciones que se traducen en la ejecutoria del ser humano.

Solamente las acciones dicen qué es lo que hacemos, para que nuestros hechos reflejen lo que pensamos, y de esta manera poder mirar los sentimientos que las originaron. Es precisamente mediante las acciones que podemos determinar lo que hay en nosotros. En el caso del pecado las acciones del cuerpo lo único que demuestran es en qué condición se encuentra el individuo, porque a no ser por esas acciones externas, nunca conoceríamos realmente sus sentimientos.

Es precisamente a través de este análisis que puedo entonces comprobarle que el primer pecado en la raza humana no fue de carácter físico, sino sentimental. Así que el sentimiento, en su segundo paso, dio a luz la acción del pecado. Por esta razón es tan importante mantener nuestro corazón y nuestra alma sujetos a una voluntad superior a la nuestra, mejor que la nuestra. Una voluntad con muy buenas intenciones que produzca en nosotros buenas acciones. ¿Qué es lo que hay dentro de su corazón? No se preocupe en contestar, porque sus acciones me lo dirán. El cuerpo solo reacciona a la decisión del alma (hombre interior).

Es la mente la que hace el bien o el mal, la que hace desgraciado o feliz, rico o pobre. Edmund Spencer.[2]

Aunque parezca inconcluso, dadas diversas circunstancias en la vida del hombre, podemos entender que es el hombre interior quien regula al hombre exterior.

Y como no hay duda sobre la existencia del pecado, tampoco la habrá en cuanto a que el alma está dotada del libre albedrío de la voluntad.[3]

Un análisis último hace patente que el tipo de persona en que se convertía un prisionero, era el resultado de una decisión íntima y no únicamente producto de la influencia del campo. Fundamentalmente, pues, cualquier hombre podía, incluso bajo tales circunstancias, decidir lo que sería de él mental y espiritualmente, pues aun en un campo de concentración puede conservar su dignidad humana.[4]

Bajo la perspectiva de la observación que nos hace el doctor Víctor Frankl, de que el hombre interior es quien ejercía la última decisión y en qué quería convertirse un prisionero en los campos de concentración, traeré a nuestra aventura las palabras de aquel joven (Daniel 1.8) que mencionó lo siguiente ante los tan hermosos manjares del rey:

---

2. *Despertando el gigante interior*. Pág. 104. 1992 Editorial Grijalva, S.A. Titulo Original en Ingles. Awaken the giant Whitin. Anthony Robbins.

3. *Lo mejor de Agustín de Hipona. Tomo 1. Pág. 78. Editorial Clie. Traducido y adaptado al castellano por Alfonso Ropero. 2001.*

4. Víctor E. Frankl, *El hombre en busca de sentido*. Pág. 69. 1979 Empresa Editorial Herder, S. A. Barcelona.

Y Daniel propuso en su corazón no contaminarse
con la porción de la comida del rey, ni con el vino
que él bebía; pidió, por tanto, al jefe de los eunucos
que no se le obligase a contaminarse.

Aunque para muchos el tema del alma es algo en lo cual no se
atreven a explorar, puesto que es una expresión que se origina en
la Biblia, quisiera referirles las líneas del doctor Víctor Frank.

A pesar del primitivismo físico y mental imperantes
a la fuerza, en la vida del campo de concentración
aún era posible desarrollar una profunda vida
espiritual. No cabe duda de que las personas
sensibles acostumbradas a una vida intelectual rica
sufrieron muchísimo (su constitución era a menudo
endeble), pero el daño causado a su ser interior fue
menor: eran capaces de aislarse del terrible entorno
retrotrayéndose a una vida de riqueza interior y
libertad espiritual. Solo de esta forma puede uno
explicarse la paradoja aparente de que algunos
prisioneros, a menudo los menos fornidos, parecían
soportar mejor la vida del campo, que los de
naturaleza más robusta.[5]

Esto era solo el reflejo de que su ser interior estaba tomando control de su ser completo, es pues esta la razón en
la cual aclaramos que el cuerpo solo reacciona a las órdenes
del ser interior. Usted puede dividirlo como quiera, alma,
espíritu, siquis o de cualquier modo; pero una de las cosas
en las que sí estaremos de acuerdo es que de la manera en
que el ser interior haya sido capacitado, es de la forma en

---

5. *Ibíd.*, p. 44.

que responderá a las circunstancias en las que se encuentre, sean que correspondan a la felicidad o aun a la fatalidad.

> «La parte inmaterial del hombre, visto como un individuo y vida consciente, capaz de poseer y animar un organismo físico, se llama *psique*; visto como un agente racional y moral, susceptible a la influencia y la habitación o morada divina, esta misma parte inmaterial se llama *pneuma*. El *pneuma*, entonces, es la naturaleza del hombre mirando hacia Dios, y capaz de recibir y manifestar al Espíritu Santo; la *psique* es la naturaleza del hombre mirando hacia lo terrenal, y tocando al mundo del sentido. El *pneuma* es la parte superior del hombre, cómo se relaciona con las realidades espirituales, o su capacidad de mantenerlas. Y cómo se relaciona con el cuerpo, o es capaz de mantener tal relación. El ser del hombre es, por lo tanto, no tricótomo sino dicótomo, y su parte inmaterial, aunque posee dualidad de poderes, tiene unidad de sustancia.[6]

Aunque es difícil establecer una clara separación entre el alma o el ser interior y el cuerpo, es claro para todos que aunque estemos durmiendo o en reposo absoluto, los sentimientos de amor, odio o desesperación seguirán presentes. Es a ese cuerpo inmaterial al que nos hemos referido tratando de traer a usted una aclaración que le permita entender que deberá prestar atención a su ser interior, puesto que es mediante esa

---

6. *Manual de Teología Bíblica*. Pág. 161. Editorial Clie. 1998 por Gordon L. Barrer, para la edición castellana. Printed in Spain.

voluntad llamada alma que realizará todas las decisiones en su vida, sean buenas o sean malas. La toma de decisión dependerá en gran manera de la formación que su ser interior haya tenido.

En la actualidad son muchas las cosas del exterior las que dan formación al criterio del ser interior. Por ejemplo, la moda la define alguien más, a su gusto, a su criterio, a su antojo y a través de las imágenes que constantemente vemos en los diferentes medios. Es que nuestro criterio toma y recoge para sí los conceptos y da el valor que quiere a tal o cual tendencia de la moda. Es de esta misma manera que recogemos del exterior muchos de los criterios que llevamos a la acción. En el caso de la moral hay una gran influencia que nos dicta qué o cuáles cosas son permitidas. En el caso de las libertades, hay a través de los medios de comunicación un modelo que alguien más nos dicta y casi siempre las generaciones reaccionan y actúan como lo hacen sus estrellas favoritas, ya sean del deporte, de la pantalla grande, o de algún rebelde que con la excusa de ser diferente se ha creado a sí mismo una imagen que expresa su libertad de pensar y ser. Por eso, si somos honestos en esta referencia, diremos que muchas de las tendencias que se recogen del exterior son únicamente destructivas para el ser interior. Debo aclarar que el hombre y la mujer de hoy son un producto comercial. Son muy pocos los que se esfuerzan en pro de la conservación y promoción de la buena conducta. Se puede hablar de todo frente a las cámaras de televisión, se puede presentar un cuerpo desnudo, se pueden proferir las más obscenas expresiones, se pueden presentar a dos personas practicando sus más íntimas relaciones (sexo), se puede presentar con toda libertad la degeneración del ser humano, rebasando su aspecto natural en el uso del cuerpo como lo es la homosexualidad, el lesbianismo y otras depravaciones del ser humano, pero poco se puede hablar de la decencia, el buen nombre, la buena conducta y no se intente ni siquiera hablar de la religión, puesto que insulta, ofende y discrimina a la gente. Todo aquello que constituye una depravación en el individuo es permisible hoy, pero lo que construye y edifica el ser interior —puesto que no es comercial, no da ganancias a sus patrocinadores, ni incrementa la práctica de los vicios (cigarro, alcohol, drogas, sexo)— no conviene a los medios y bolsillos de aquellos que solo viven de la desventura y destrucción de los hombres.

Hoy el ser interior se encuentra tras una profunda y continua persecución, una deformación de sus más importantes criterios y valores. Bajo estas malformaciones es que la sociedad actual vive, actúa y reacciona como lo hace. Hemos dado total importancia al cuerpo y hemos olvidado lo que lo hace existir. El alma puede vivir sin el cuerpo, ha quedado demostrado que ella es incansable. El alma posee también inmortalidad. Lo que no podemos negar es que el cuerpo no puede vivir sin el alma. Todo cuerpo necesita de un alma para poder vivir, pero una entrenada y enseñada para poder tener una buena estancia en el mundo de los vivos. Pobres de aquellos cuerpos que son habitados por un alma mal formada. Es como si alguien que posee un buen cuchillo lo utilizara de mala forma. Es el cuerpo el que terminará pagando todas las malas decisiones de un alma rebelde y mal formada. Al igual que el cuerpo recibe nuestros cuidados, será de vital importancia prestar especial cuidado al ser interior, porque el alma, o *psique*, será la responsable, en vida y en muerte, en el pasado, presente y futuro, de las acciones y reacciones que el cuerpo lleve al mundo de los vivos. Por eso concluyo que el primer pecado de la raza humana fue uno de intención, antes que de acción.

6

Proceso del pecado

¿Se imagina a Satanás sentado en un satánico escritorio, con una satánica pluma, con un plan satánico y con una satánica finalidad de encontrar la manera de cómo desviar al hombre de su curso natural? Alguien dijo por ahí que los buenos somos muchos, pero estamos separados, y los malos son muy pocos pero están organizados. Satanás tenía que hallar una satánica manera de derrocar al hombre como administrador absoluto del hermoso planeta llamado tierra, ¿cómo es que lo logró?

Cuando reviso la fotografía de la consumación del pecado encuentro que su proceso en el hombre ha sido llevado a su efecto a través de varias etapas que llevó a la consumación del pecado en una acción. Acción que ha sido traspasada de generación en generación. Una vez que este mal (pecado) fue transmitido al primer hombre, según lo menciona la Biblia, bastó para que fuese traspasado continuamente a sus descendientes (nosotros). Estos factores, a los que me refiero en la consumación del pecado, son los siguientes:

⟶ **Inducción**

⟶ **Ignorancia**

⟶ **Acción**

Inducción

Al revisar la manera en la cual el hombre llega a constituir el primer pecado en una acción, encontramos que fue inducido por Satanás. La mejor manera en que puedo plantear la inducción es la siguiente: Recuerdo que por motivos de trabajo, viajé a una lejana ciudad. Allí se estaba construyendo una presa hidroeléctrica, un enorme proyecto de gobierno. Para ello tenía que desviarse el curso del río, con la finalidad de que sus corrientes pudieran producir la energía requerida. Es decir, tuvieron que inducir la corriente del río a través de dos túneles, que hacían que se desviara de su cauce natural. Al desviar el cauce del río, los obreros podrían trabajar en la construcción de la presa hidroeléctrica para producir la energía que necesitaban. Así mismo el hombre fue inducido por Satanás a tomar un curso diferente del original con que fue creado. Quiero decir que fue desviado de su curso natural de vida. ¿Y cuál era ese curso natural de vida? El vivir sin pecar. Pero fue inducido al pecado. El proceso de inducción fue así: primero la duda, esto es, la segunda opción. Decimos que es la segunda opción porque su fe y su creencia absoluta en Dios era la primera.

Es como cuando usted busca un par de zapatos. Lo único que lleva en mente cuando va a comprarlos es que necesita un par de zapatos negros. Pero cuando llega al estante y encuentra que hay muchos pares de zapatos diferentes que también son negros, llega el momento de la decisión, de la opción. Respecto al pecado, decimos que fue esa segunda opción la que hizo que el hombre fuera inducido a la duda, porque se necesitaba que Adán dudara de lo que Dios le había dicho en cuanto al árbol para luego aventurarse a buscar otra alternativa. La alternativa presentada por Satanás. Satanás sigue utilizando el mismo método hasta el día de hoy. Es excesivamente peligrosa la segunda alternativa porque es la que hace tambalear nuestra verdad. Esa segunda opción es la que ha matado al hombre, es la que lo ha convertido en una máquina del mal.

¿Por qué? es la pregunta. Por una sencilla razón, somos hombres con un libre albedrío, somos personas con voluntad de decisión, no sería libre albedrío si las decisiones del hombre tuvieran que tomarse bajo una sola alternativa. Sería como si Dios hubiese creado en lugar de hombres computadoras. Por eso es que Dios puede formar al hombre y el hombre crear la computadora. Dios hizo al hombre (y a la mujer) con el derecho a la elección. Bajo esa voluntad que el hombre tiene, fue que Satanás indujo la duda para pecar. No era el cauce natural del hombre desobedecer a Dios. Pero fue inducido a desobedecerle, fue inducido a tomar el camino incorrecto, fue inducido a la duda, y de esta manera a pecar, una acción que no era propiamente de él, puesto que

> «el pecado es algo espiritual interno, no una simple trasgresión legal externa».[1]

> «Porque, como nos dice Bergson, el cuerpo es el punto en que el alma inserta su propia acción en la realidad».[2]

Por esta razón la duda era la primera parte del proceso de inducción, ya que se trabajaba la mente y el alma. Una vez que la duda estaba en su corazón podría seguir con lo siguiente: la realización externa del pecado, que hasta ese momento sería para el hombre algo nuevo. Nunca antes lo había hecho, era su

---

1. *Manual de Teología Bíblica*. Pág. 172. Editorial Clie. 1998 por Gordon L. Barrer, para la edición castellana. Printed in Spain.
2. *Introducción a la Filosofía*. Pág. 542. Editorial Clie. 1999 Por el autor: Alfonso Ropero. Printed in Spain.

primera vez. Por eso le parecería atractivo, porque no conocía sus consecuencias. Como nos dice Stanton W. Richardson D.D. en su libro *Manual de Teología Bíblica*: «Los actos de pecado nacen de un principio o naturaleza que es pecadora» y Adán, según lo encontramos en la Escritura, no tenía ese principio pecaminoso, sino que más bien tenía que ser inducido por alguien en quien el principio pecaminoso ya se encontraba en plena función.

> Ese principio de pecaminosidad que fue instalado a través de la inducción satánica, fue la que dio origen al desvío de su cauce natural. La pecaminosidad fue cargada en el cuerpo de Adán y, como consecuencia nosotros, al ser descendientes directos de Adán, hemos sido también contaminados con el mismo mal, es decir, el pecado de Adán fue imputado, contado o cargado a cada miembro de la raza.[3]

El hombre ahora no puede quitarse esa tendencia pecaminosa que ha venido a ser parte de su materia corporal. Además, como consecuencia del mismo mal, ha llegado a ser también materia mortal y, por consiguiente, afecta los sentimientos y las acciones de cada individuo sobre la tierra.

La ignorancia

Martín Lutero solía decir: «La ignorancia es una extraña enfermedad que no afecta tanto al que la posee sino a los que se encuentran a su alrededor». Ella nos hace estar tranquilos

---

3. *Manual de Teología Bíblica*. Pág. 182. Editorial Clie. 1998 por Gordon L. Barrer, para la edición castellana. Printed in Spain.

cuando algo malo pasa. Como no lo sabemos, estamos totalmente quietos; pensando que nada ocurre. El dicho reza:
«Tiene la tranquilidad que le da la ignorancia».

Podríamos decir que es algo que para algunos se convierte
en fatalidad. No siempre es benéfica para los individuos,
puesto que los hace ajenos a realidades que tendrían que
atender con especial cuidado.

Satanás conocía y sufría las consecuencias de su rebeldía
en contra de Dios. Él no era ignorante del castigo al cual el
hombre se tendría que enfrentar una vez que fuera infectado
por el pecado. Aunque Adán fue advertido de la muerte, en
realidad no conocía la total magnitud del término. No tenía ni
la menor idea de lo que significaba dejar de existir, no sabía
que la muerte implicaba dolor, no tenía la mínima conciencia
de los drásticos y mortales efectos del pecado. Hoy a miles de
años, el hombre ha seguido ignorando muchas de las consecuencias de este mal.

El hombre ignoraba que se tendría que enfrentar a la
muerte física, a la muerte espiritual; que era la separación del
Dios que lo había creado. A la separación del paraíso que tanto le gustaba, a la paz que siempre es hermoso tener, a la salud. Una vez que fuera infectado por el pecado y que el
cuerpo fuese sentenciado a morir, entonces debería también
sufrir las enfermedades que poco a poco irían desgastando su
cuerpo mortal.

Adán no tenía ni la más mínima idea de la cantidad de enfermedades que se desataban con su desobediencia, lo que
desataba contra aquel cuerpo de barro, formado por las manos de Dios, pero tomado del polvo de la tierra.

Su total ignorancia de la sentencia hizo de Adán una presa
fácil de su adversario. El pecado siempre luce atractivo, nunca
muestra sus consecuencias, esta solo es vista una vez que se
cruza la línea de la desobediencia. Adán ignoraba la cantidad
de almas que se perderían por su desobediencia; ignoraba la
constante lucha a la cual el hombre se tendría que enfrentar

una vez que él diera inicio a la desobediencia. Ignoraba que por su desobediencia el hombre terminaría crucificando al Hijo de Dios. Ignoraba que el pecado es un mal irreversible en el hombre, y que solo puede ser sanado y detenido por el sacrificio de Aquel que es el autor de la vida, tanto espiritual como material.

Adán no imaginaba que su hijo fuese el primer asesinado por las malas intenciones a las cuales él un día prestó atención. Ignoraba que el paraíso tendría que ser resguardado para que él no entrara. Adán ignoraba, ignoraba e ignoraba. Y el hombre de hoy sigue ignorando, ignorando e ignorando las consecuencias tan crueles de una aparentemente simple desobediencia.

Satanás conocía las consecuencias de la desobediencia, pero se complacería en mirar al hombre sufriendo por su desobediencia. Le dijo una verdad a medias, una mentira completa, el hombre medio creyó a la verdad y creyó totalmente a la mentira, a causa de su ignorancia en relación a las drásticas consecuencias que el pecado ocasiona.

¡La ignorancia no es culpa de Dios! Suelo decir muchas veces, no podemos ser personas que ignoramos las drásticas consecuencias que el pecado ocasiona, no podemos convertirnos en una máquina del mal, porque terminaríamos siendo destruidos por el mal.

La acción

«El hombre es acción y cambio continuo», nos dice Adolfo Ropero en su libro *Introducción a la filología.*[4] Y fue precisamente en

---

4. Ropero, Alfonso, *Introducción a la Filosofía*. Pág. 542. Editorial Clie. 1999
    Por el autor: Alfonso Ropero. Printed in Spain.

esta acción externa por la que se introdujo el pecado al mundo en que vivimos. Ya había sido sembrada en el alma y la mente cuando la duda se apoderó de Eva, pero todavía tendría que venir la acción externa; en otras palabras, la consumación del hecho en un acto físico humano que diera paso a la consumación de una acción pecaminosa constante en el hombre.

Hoy, como al principio, uno de los primeros terrenos que Satanás tiene que conquistar en la persona es nada menos que la mente. De manera que después el individuo pueda actuar en consecuencia. La mente es el primer lugar esclavizado en el hombre. Por eso el cuerpo solo viene a ser el reflejo de lo que ha sido instalado en el corazón.

> «La inteligencia, que es el instrumento principal de
> la vida humana, amenaza con volverse contra la vida
> misma».[5]

Al tratar de explicar este último proceso de la realización del pecado, tendremos que decir que la acción se divide en dos diferentes secciones que tienen su origen en la libre decisión del ser humano.

El ser humano no es una cosa más entre otras. Las cosas se determinan unas a otras; pero el hombre, en última instancia, es su propio determinante. Lo que llegue a ser —dentro de los límites de sus facultades y de su entorno— lo tiene que hacer pos sí mismo. En los campos de concentración, por ejemplo, en aquel laboratorio vivo, en aquel banco de pruebas, observamos y éramos testigos de que algunos de nuestros camaradas actuaban como cerdos mientras que otros se comportaban como santos. El hombre tiene dentro de sí ambas potencias.

---

5. Ropero, Alfonso, *Introducción a la Filosofía*. Pág. 544. Editorial Clie. 1999
   Por el autor: Alfonso Ropero. Printed in Spain.

De sus decisiones y no de sus condiciones depende cuál de ellas se manifieste.

> «Después de todo, el hombre es ese ser que ha inventado las cámaras de gases de Auschwitz, pero también es el ser que ha entrado en esas cámaras con la cabeza erguida y el Padrenuestro o el Shema Yisrael en sus labios».[6]

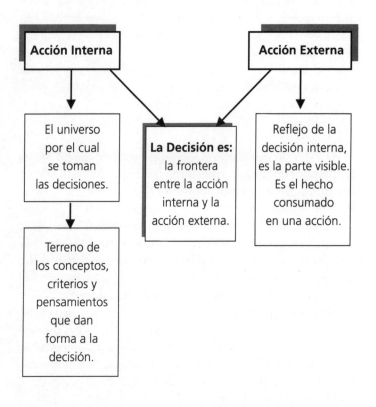

---

6.   By Víctor E. Frankl. *El hombre en busca de sentido.* Pág. 69. 1979 Empresa Editorial Herder, S. A. Barcelona.

Las decisiones se toman a partir de la plataforma que sostiene los conceptos y preceptos de cada individuo. La acción no es simplemente un reflejo externo, es el encuentro de por lo menos dos diferentes corrientes: una interna y otra externa.

1. Acción interna

En el terreno de la acción interna es donde se libra la más feroz de las batallas para conquistar al hombre. No es el cuerpo el que está por conquistarse, ese ya ha sido conquistado, ese ya ha sido infectado, ese ya ha sido comprado y vendido, comprado por Satanás y vendido al pecado. Pero no así el alma, esta es la que está en juego, esta es la que necesita ser conquistada, esta es precisamente la más valiosa de las batallas. La batalla por el ser interior.

La acción interna tenemos que definirla de la siguiente manera: es aquella que tiene su origen y conclusión en el ser interior de cada ser humano. Recuerde el tan conocido dicho que nos sugiere que «cada cabeza es un mundo».

En cierta ocasión un hombre caminaba por la calle cabizbajo y con las manos dentro de los bolsillos. Era un hombre joven, alto, blanco, aparentemente sano. Cuando me acerqué para hablar con él, descubrí la cantidad de complejos y limitaciones que llevaba en su interior. Eran situaciones que no se podían ver simplemente con una mirada, había que empezar a conocer al individuo para descubrir la cantidad de situaciones internas en el universo de su ser interior. Esta es la acción intangible que tiene su campo de realización en el terreno de los pensamientos, las ideas, los conceptos. Es ahí donde el hombre tiene que llegar al punto de la decisión. Esa es precisamente la frontera entre la acción interna y la externa, el punto de la decisión que llevará de una acción interna a una externa.

Jesucristo nos hizo una aclaración y dijo lo siguiente (Mateo 5.27): «Oísteis que fue dicho: No cometerás adulterio.

Pero yo os digo que cualquiera que mira a una mujer para codiciarla, ya adulteró con ella en su corazón.[7]

La exposición que el Señor Jesús nos hace deja al descubierto la diferencia entre lo externo y lo interno. Él nos dice que no es necesaria la consumación externa cuando ya hemos hecho la consumación interna. Claro está, para nosotros es un adulterio hasta que se consuma en un acto físico. Sin embargo para Jesús es ya un adulterio cuando se ha consumado en una acción interna. Por eso es que sugiero que la acción interna es la que por principio de cuentas tendremos que cuidar. Jesucristo también nos advierte que va a juzgar las acciones internas aunque no sean exteriorizadas; porque desde el punto que Él las presenta, ya las considera un pecado consumado.

Quisiera plantearle el siguiente ejemplo. Mientras dormimos, la mente, el alma, el psiquis o el *pneuma* humano, sigue trabajando. Es realmente asombroso que mientras duerme y sueña todavía reacciona ante las estimulaciones mentales. Allí, en el terreno de lo inmaterial, de los pensamientos, sigue trabajando. Es de suma importancia no cometer pecados en el ser interior. Jesús ya lo aclaró, hizo un gran énfasis en los pecados realizados sin acción externa, como elementos para ser juzgados.

2. Acción externa

Esta es toda aquella que es tangible, que puede ser calificada y clasificada, aunque sea solamente una acción. Puesto que no es materia, afectará a esta de manera positiva o negativa dejando así una clarificación en el mundo externo, una huella, una marca. es como la señal en el cielo que deja a su paso

---

7. Reina Valera Revisada 1960, Sociedades Bíblicas Unidas, Estados Unidos de América, 1998.

un avión de propulsión. La nube blanca es la expresión externa de la acción interna de los motores del avión. No podemos mirar lo que ocurre en el interior del motor, pero hay algunas cosas que sí podemos mirar, un avión en movimiento (acción) y una señal a su paso.

Hasta el día de hoy solo se pueden juzgar los delitos o las acciones llevadas a lo externo. Como le dijo Dios a Samuel: «Tú miras lo que está delante de tus ojos». El hombre no puede ver más allá de la acción externa. El hombre está limitado a ver solo la reacción del cuerpo en una acción física, tangible, humana.

El pecado no puede ser atacado cuando es una acción tangible, en ese caso solo puede ser juzgado y sentenciado. El pecado tiene que ser atacado, antes de ser fecundado; esto es, antes de llegar a la decisión, antes que tenga su consumación en una acción.

Satanás ataca los conceptos para cambiar los criterios que dan formación al pensamiento, que tomará la decisión de llegar a la acción externa.

El ser interior es de suma importancia en la consumación del pecado. No podemos dejar a la voluntad de otros nuestros conceptos, ni dejar que sean otros los que establezcan nuestras bases de pensamiento. No podemos ponerlos a merced del paganismo. No podemos permitírselo a Hollywood, no podemos permitírselo al humanismo, mucho menos a los horóscopos, ni siquiera pensar, en dejarlos a merced del ocultismo. Y mucho menos dejarlos a la intemperie. Debemos tomar control de nuestros conceptos y rendirlos bajo la eterna seguridad de Aquel que quiere convertir al hombre en su amado y eterno hijo.

El hombre no es una máquina del mal, porque si lo fuera solo habría que cambiarle el corazón.

Digo entonces que el proceso del pecado da inicio en el interior del hombre. Parte de su base conceptual, para formar un criterio que es llevado al pensamiento para tomar una decisión y convertirlo en una acción.

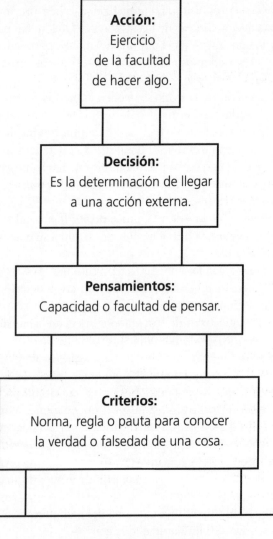

Acción:
Ejercicio
de la facultad
de hacer algo.

Decisión:
Es la determinación de llegar
a una acción externa.

Pensamientos:
Capacidad o facultad de pensar.

Criterios:
Norma, regla o pauta para conocer
la verdad o falsedad de una cosa.

Base de conceptos:
Ideal, representación mental de una realidad.

7

La expresión más depravada del «YO»

Si bien es cierto que el mundo secular no reconoce lo que es el pecado, también cierto que por no conocerlo y apartarse de él, sufre indiscriminadamente por todos los males que implica en sí mismo. No es un asunto de religiosidad únicamente, como ha sido planteado por la Iglesia a través de todos los tiempos. Más bien es un asunto que deteriora a toda la raza humana. Tanto destruyó a los antecesores como terminará por destruir a los presentes y futuros.

Por no dar importancia al mal del pecado, nuestra sociedad ha pensado que su señalamiento por parte de la Iglesia es solamente de tipo religioso. Pero se nos ha olvidado que la vida humana tiene en sí misma conceptos que establecen su perpetuidad. Dadas las condiciones del alma, el día de hoy se está perpetuando nada menos que la destrucción de ese ser bien llamado hombre y mujer.

Aunque a la vista de muchos las acciones son derecho de cada individuo. Sin embargo, no piensan en la clase de consecuencias que traerá a nuestra sociedad el que no pongamos atención a los estragos que el pecado, o los desórdenes de la conducta del ser humano: la destrucción de nosotros mismos.

Nuestra sociedad moderna tiene que lidiar con conceptos ajenos al orden divino, sin pensar en las consecuencias que ello acarrea. Por ejemplo, podemos citar el caso de la eliminación de las diferencias entre lo masculino y lo femenino. Es tal la perversidad que han creado un término, «género», que otorga al que lo lleve la capacidad de comportarse como hombre, como mujer, combinaciones de ambos sexos o como todas esas cosas a la vez. Con el fin de alertarnos y no amedrentarnos mencionaré las referidas supuestas categorías de elección.

- Heterosexuales
- Homosexuales
- Lesbianas
- Bisexuales
- Transexuales
- Travestís

Quieren rebelarse contra lo moral y dejar a la libertad de cada cual el tipo de «género» al que quieren pertenecer, todos igualmente válidos. Esto hace que hombres y mujeres heterosexuales, los homosexuales y las lesbianas, y los bisexuales sean simplemente modos de comportamiento sexual producto de la elección de cada persona.[1]

Estos se mencionan como pecados contra naturaleza en la Biblia, y es sumamente asombroso mirar nuestro mundo de hoy practicándolos. El siglo veinte, considerado uno de los más impresionantes en avances tecnológicos, es también impresionante en el avance de su depravación. Estamos ante una escena lamentable en la que los muros que sostienen a nuestra sociedad actual se derrumban entre lo que podríamos llamar, el hombre en contra del mismo hombre.

Nuestra sociedad encuentra muy difícil continuar siendo y fungiendo bajo los términos que su Creador establece; encuentra una rápida forma de responder y eludir la responsabilidad de ser a semejanza de Dios.

---

1. Mons. Alzamora Revoredo, Oscar, S.M., *La ideología del género, sus peligros y alcances.*

Esta forma de negarse a lo establecido por Dios se expresa bajo la siguiente premisa: «El hombre de hoy quiere ser juez y parte de su propia existencia». Quiere tomar en sus manos su propio destino, apostando en esta prueba su corta y frágil existencia, sin entender que «la presencia de la muerte es principio de vida auténtica», quiero decir, que al término de su existencia, cuando hincado por no poder mantenerse en pie, estará frente a su Creador, quien con toda autoridad, reclamará por las alteraciones efectuadas en su obra «el hombre».

El hombre, en quien Dios ha invertido más que en nada o nadie, y quien se ha revelado a vivir bajo sus reglas, será también quien enfrente la justicia de Dios, puesto que hoy lo único que mira es su amor.

> Shulamith Firestone decía: «Lo "natural" no es necesariamente un valor "humano". La humanidad ha comenzado a sobrepasar a la naturaleza; ya no podemos justificar la continuación de un sistema discriminatorio de clases por sexos sobre la base de sus orígenes en la naturaleza».[2]

Tal como este son muchos los conceptos que circulan en la mente y actuación de muchas personas que atentan en contra de la seguridad y estabilidad de la raza humana. Con tristeza mencionaré que en muchos de los casos nos hemos quedado inmóviles en cuanto a declararnos en contra de tales influencias. No solo llegan a nuestra sociedad, sino que además son promovidas por todos los medios de comunicación. Por eso es de suma importancia reconocer cuáles son las intenciones, formas y conductas de las tendencias que ignoramos muchas veces a causa de nuestra ignorancia, puesto que es más sencillo ignorarlas que estudiarlas.

---

2. *Ibídem.*

Para todos nosotros debe ser importante saber que los pecados contra naturaleza hoy en día son más aceptados por la sociedad actual que por las generaciones pasadas.

«Lo que se observa más bien en las sociedades
democráticas modernas que gozan de libertad, es
que las mujeres tienen tantas aventuras como los
hombres».[3]

En el comportamiento sexual de varones y hembras influyen sobre todo factores culturales, sicológicos, sociales o religiosos, pero la conducta humana no viene determinada genéticamente. El hombre y la mujer son responsables de sus actos ante la sociedad pero, por encima de todo, delante de Dios. Él es el único que conoce todos los secretos del alma humana y, por tanto, el único capaz de evaluar certeramente el uso o el abuso que cada cual ha hecho con su libertad».[4]

Si consideramos la Biblia como un libro histórico, encontraremos en ella un relato que nos refiere en su primer libro. Es una aclaración acerca de una visita que hicieron unos seres especiales a un hombre llamado Lot y que causó que los moradores de su región atentaran sexualmente contra sus visitantes.

Lo que quiero destacar en este particular es la conducta inmoral de los moradores de la tierra en esos tiempos. Una conducta que no ha cambiado ni con el paso de los siglos. El tiempo ha sido incapaz de erradicar tan aberrante (adj. Dicho

---

3. *Sociología: Un enfoque cristiano*. Pág. 343. Editorial Clie. 2001 Por Antonio Cruz. Printed in Spain. (Guiddens, 1998:48).

4. *Sociología: Un enfoque cristiano*. Pág. 343. Editorial Clie. 2001 Por Antonio Cruz. Printed in Spain. (Guiddens, 1998:48).

de una cosa: que se desvía o aparta de lo normal o usual.)[5] conducta de los corazones de los hombres.

«Y llamaron a Lot, y le dijeron: ¿Dónde están los varones que vinieron a ti esta noche? Sácalos, para que los conozcamos» (Génesis 19.5). Aquí el término «conozcamos» aclara que estos hombres de la ciudad querían tener relaciones sexuales con los visitantes de Lot. Entonces Lot salió a ellos a la puerta, y cerró la puerta tras sí, y dijo: Os ruego, hermanos míos, que no hagáis tal maldad. He aquí ahora yo tengo dos hijas que no han conocido varón; os las sacaré fuera, y haced de ellas como bien os pareciere; solamente que a estos varones no hagáis nada, pues que vinieron a la sombra de mi tejado (Génesis 19.6-8).

Al tomar las siguientes fechas como referencia tendremos que recordar que Moisés es el escritor de el Pentateuco, pero de quien estamos tratando en este caso particular, no es de Moisés sino más bien de Lot, que era pariente de Abraham. Para saber en qué tiempo se ubica Lot tendremos que mirar primero en cuál se ubica Abraham. Para ello veamos las siguientes tablas de referencia.

I. El comienzo: Génesis 1-11

Historia antigua.		Relatos Bíblicos.
Periodo prehistórico	...	La Creación
Edad de bronce antiguo	3100-2001	Antepasados de Abraham nómadas en Mesopotamia
Cultura sumeria:	2800-2400	
Extensión del poderío militar hasta el Mediterráneo	2600-2500	
Egipto: Imperio antiguo: 3100-2100	2500	
Construcción de las grandes pirámides: 2600-2500	(Antes de Cristo)	

---

5. *Diccionario de la Real Academia de la Lengua Española.*

II. El éxodo: Moisés y Josué: Éxodo, Números, Deuteronomio, Josué

Edad de bronce reciente	1550-1200	
Egipto: Imperio nuevo.	1500 ←	←
Dinastía XVIII: 1550-1070	1300	Moisés en Egipto
Asia Menor y norte de Siria:	1250	Éxodo de Egipto ca.1250/30
Imperio Hitita: 1450-1090		Los israelitas vagan por el desierto. Moisés recibe las tablas de la ley en el monte Sinaí. Josué invade Palestina. Conquista y posesión de Canaán.
Ramsés II: Faraón egipcio: 1304-1238	1220	Israel se establece como una confederación de tribus: ca. 1230-120

Esta referencia nos hace ver muy atrás en el tiempo y tratar de entender cuan antiguas son las malas intenciones en los corazones de los hombres y que no será el paso de los años, el avance de la tecnología, la modernidad, la democracia e incluso tampoco la tiranía, los que hagan desaparecer las malas intenciones y pecados contra la naturaleza que se han ido traspasando de generación en generación a través de la historia. Aberraciones que han llegado hasta el presente como un mal que ha traspasado las barreras raciales, culturales, lingüísticas, étnicas, libertarias, religiosas o incluso hasta el ateismo y que ha viajado en el tiempo acompañando a cada generación que se presta a practicarlas.

La anterior es una muestra en el tiempo de la antigüedad de las malas intenciones, pero es también en la Biblia que encontramos otra referencia a este mal y que nos aclara las consecuencias y desviaciones del ser actual.

La Epístola a los Romanos, expresada por el tan reconocido apóstol Pablo, entre años 53 al 58 d.C, según lo señalan algunas referencias históricas, nos hace una ponencia del problema de los pecados contra naturaleza, y que estos mismos ya habían sido mencionados en el libro de Génesis.

El ministerio egeo

En muchos sentidos el ministerio egeo (ca. 53–58 d.C.; Hch 18.23—20.38) fue el más importante de la vida de

Pablo. La provincia de Asia, tan importante para la iglesia posterior, fue evangelizada; asegurándose así los puestos de avanzada cristiana en Grecia. Durante esos años el apóstol escribió las Cartas a los Corintios, la de Romanos y quizá una o más de las epístolas desde la prisión (Efesios Filipenses, Colosenses, Filemón.), las que en la providencia de Dios habrían de integrar las Escrituras sagradas y autorizadas para todas las generaciones.

A través de Troas llegó a Macedonia, donde escribió 2 Corintios, y, después de un tiempo, viajó hacia el sur, a Corinto. Allí pasó el invierno y escribió la carta a los Romanos, antes de volver sobre sus pasos a Mileto, puerto cercano a Éfeso.[6]

Lo más probable es que Pablo haya sido puesto en libertad en el 63 d.C., y que haya visitado España y la región del Egeo antes de ser arrestado nuevamente y muerto a manos de Nerón (ca. 67 d.C.).[7]

En este caso en particular tomaré de la Biblia un pasaje que aclara completamente los desórdenes que sufre nuestra sociedad actual. Hechos a los que el mundo secular no ha puesto un especial cuidado y que se miran reflejados en algunas áreas de la vida presente.

Este expresa todos y cada uno de los males o malformaciones del hombre y la mujer actual, pero vale la pena aclarar que no a toda la raza humana aplican estas aberraciones que se enconan en el hombre interior, para después ser expresadas por el ser exterior, o cuerpo.

---

6. Douglas, J.D., *Nuevo Diccionario Bíblico Certeza*, Ediciones Certeza, Barcelona, Buenos Aires, La Paz, Quito, 2000, 1982.

7. *Ibídem.*

Veamos lo que nos dice Pablo en Romanos capítulo 1:
Por esto *Dios los entregó a pasiones vergonzosas*; pues

- **aun sus mujeres**
  o <u>cambiaron el uso natural.</u>
  o <u>por el que es contra naturaleza (26)</u>,

y de igual modo también.

- **los hombres,**
  o dejando el uso natural de la mujer,
  o se encendieron en su lascivia unos con otros,
  o cometiendo hechos vergonzosos
  o hombres con hombres,

y recibiendo en sí mismos la retribución debida a su extravío (27).

Será responsabilidad de cada individuo, y no de su entorno, la acción personal del pecado tal y como lo señala Agustín de Hipona.

> [27]Si el defecto que llamamos pecado nos asaltase como una fiebre, contra nuestra voluntad, con razón parecería injusta la pena que acompaña al pecador, y recibe el nombre de condenación. Sin embargo, hasta tal punto el pecado es un mal voluntario, que de ningún modo sería pecado si no tuviese su principio en la voluntad; esta afirmación goza de tal evidencia, que sobre ella están acordes los pocos sabios y los muchos ignorantes que hay en el mundo. Por lo cual, o ha de negarse la existencia del pecado o confesar que se comete voluntariamente.[8]

---

8. *Lo mejor de Agustín de Hipona.* Tomo 1. Pág. 78. Editorial Clie. Traducido y adaptado al castellano por Alfonso Ropero. 2001.

A tal efecto, revisaremos las palabras descritas por Pablo, para referirnos en este particular caso a los pecados contra la naturaleza.

Por esto Dios los entregó a pasiones vergonzosas

Cuando nos referimos a estas pasiones vergonzosas nos basta con observar algunos de los conceptos que son promovidos por las sociedades feministas, lesbianas y homosexuales. Es obsceno escuchar cómo estas tendencias se han ido filtrando en nuestra sociedad a tal grado que como dice *Florence Thomas,* son promovidas por todos los medios de comunicación, en una ansiedad de destruir lo más importante de la creación de Dios, el ser humano.

Aunque el mundo secular no entienda, es necesario afirmar que su ignorancia no será excusa para evitar el castigo que se avecina en contra de esta deformación intelectual llevada hasta el cuerpo material del hombre y de la mujer. Como dice el libro *Homosexualismo y fin de siglo*:

«Es una epidemia que se extiende por todos los lugares y rincones del mundo.

Además, creo que hoy en día nadie, quiero decir ningún ciudadano o ciudadana del mundo moderno, está alejado de los gay o de las lesbianas. Su misma visualización colectiva en la cultura urbana se traduce en una estética mal concebida, un destape paulatino pero seguro en los espacios públicos, en los medios, en las calles y en los bares. Ello nos obliga a reflexionar sobre la cuestión homosexual porque ahí está: entre nuestros amigos o amigas, nuestros hijos o hijas. Es más, podríamos decir —y sobre esto volveremos más adelante— que la homosexualidad se encuentra hoy en todas partes. Pero ya nadie puede olvidar del todo su existencia. Alimentan temáticas de cine, de teatro,

de novelas y de cada uno de los campos de la
existencia.»[9]

Tal y como ha quedado establecido desde hace muchos años
en la historia, y estampado en las líneas del libro más leído y vendido en el mundo (la Biblia), no queda duda alguna de que las
tendencias deformistas del ser humano terminarán por destruir
la sociedad, así como sus bases y cimientos, al grado de terminar
con la reproducción del género humano.

- **<u>aun sus mujeres.</u>**
  - o <u>cambiaron el uso natural</u>
  - o <u>por el que es contra naturaleza,</u>

> «La teoría feminista ya no puede darse el lujo
> simplemente de vocear una tolerancia del
> "lesbianismo" como "estilo alterno de vida" o hacer
> alusión a las lesbianas. Se ha retrasado demasiado
> una crítica feminista de la orientación heterosexual
> obligatoria de la mujer»(4) «Una estrategia
> apropiada y viable del derecho al aborto, es la de
> informar a toda mujer que la penetración
> heterosexual es una violación, sea cual fuere su
> experiencia subjetiva contraria».[10]

Hoy, el lesbianismo ha cambiado al varón por otra hembra,
quiero decir un hombre por otra mujer. Esto no solamente es

---

9. Homosexualismo y fin de siglo, p. 1. http://www.revistanumero.com/
    19homo.htm)
10. http://205.180.85.40/w/pc.cgi?mid=16573&sid=9462

una realidad en nuestro tiempo, sino que además es una «opción», así lo presentan las sociedades lesbianas. No solamente han cambiado al varón por una hembra, sino que además lo han sustituido por juguetes sexuales, juguetes plásticos sin vida, sin reacción, sin animación, con el simple propósito de activar la voluntad más depravada del yo llevando una expresión interna y en muchos casos expresada de una declaración egocentrista que promueve y pronuncia «No necesito del hombre».

Quieren rebelarse contra esto y dejar a la libertad de cada cual el tipo de «género» al que quieren pertenecer, todos igualmente válidos. Esto hace que hombres y mujeres heterosexuales, homosexuales y lesbianas y bisexuales, sean simplemente modos de comportamiento sexual producto de la elección de cada persona, libertad que todos los demás deben respetar.

No se necesita mucha reflexión, para darse cuenta de lo revolucionaria que es esta posición, y de las consecuencias que tiene la negación de que haya una naturaleza dada a cada uno de los seres humanos por su capital genético. Se diluye la diferencia entre los sexos como algo convencionalmente atribuido por la sociedad, y cada uno puede «inventarse» a sí mismo.

Toda la moral queda librada a la decisión del individuo y desaparece la diferencia entre lo permitido y lo prohibido en esta materia.[11]

---

11. Mons. Alzadora Revoredo, Oscar, S.M., *La ideología del género, sus peligros y alcances*.

Es precisamente a este tipo de conducta que nos referimos. Las lesbianas han encontrado en el mismo cuerpo femenino el placer desordenado de su mente depravada. Digo esto porque aunque según queda expresado en las líneas anteriores, que «pueden inventarse a sí mismas», esperaremos a ver en el futuro qué será lo que nacerá de estos dos cuerpos mal utilizados. Puesto que si no permitimos que los políticos y el estado dejen que estas personas adopten infantes, lo más seguro es que morirán sin ningún descendiente, puesto que la invención de su sexualidad ha quedado relegada al mal uso del cuerpo, y no habrá sobrepasado las funciones originales del mismo, en la cual el Creador del universo establecía que para llegar a procrear es necesario que el hombre y la mujer sean una sola carne.

> En la ultima «fay pride», realizada en París en el verano pasado, desfilaron cerca de 200.000 gays y lesbianas reclamando, entre otras consignas, el reconocimiento social y jurídico de las uniones homosexuales. (En los países nórdicos ya obtuvieron los mismos derechos que las parejas heterosexuales casadas.)[12]

Hoy es común observar cómo la televisión y el cine se han encargado de dar publicidad a lo que los medios de comunicación llaman «salir del clóset». En un programa de televisión se presentó la historia de una persona política mexicana que en el momento de ser elegida a una de las cámaras, le dio a su pareja lesbiana un beso. Cuando se le preguntó a la mujer qué clase de relación sostenía con ella, dijo que era su pareja sentimental y que no había nada de malo en eso.

---

12. http://www.revistanumero.com/19homo.htm

Permítame referirle algo muy interesante y peligroso, cuando un país está bajo la influencia de una personalidad como tal, que busca su igualdad, terminará por solicitar que su relación antinatural sea no solamente aceptada en la sociedad, sino que también sea legalizada ante el estado. Puede hasta solicitar la adopción de niños o niñas.

A estas personas que han ido contra la naturaleza les referiré lo siguiente: Si usted es una de ellas y quiere tener hijos, le exhorto a que su nuevo uso del cuerpo se lo otorgue. ¿Qué quiero decir con eso? Que no haga uso del esperma masculino, puesto que este pertenece a la naturaleza del hombre a la cual usted ha renunciado. Sería muy ridículo negarse a que la vida humana se forme de un hombre y una mujer y que cuando las lesbianas quieran tener hijos o hijas utilicen la naturaleza del esperma del hombre para conseguirlos. Si estas ideologías son capaces de dar formación a una nueva manera de usar el cuerpo, que sean estas mismas ideologías las que les permitan dar formación a un nuevo ser.

y de igual modo también

- *los hombres*,
    o dejando el uso natural de la mujer,
    o se encendieron en su lascivia unos con otros,
    o cometiendo hechos vergonzosos
    o hombres con hombres

Dentro de la sociedad actual, ya es casi inevitable mirar cómo la conducta homosexual es difundida. No hay programa de entretenimiento que no presente una relación, gestos o conductas «gay». En un famoso programa de televisión se ha mostrado con todo lujo de detalles tanto relaciones homosexuales y lesbianas como personas desnudas, promoviendo las ya conocidas malformaciones mentales de las que adolece nuestra sociedad.

El hombre homosexual ha renunciado a la relación correcta hombre-mujer y se ha desviado a una relación hombre-hombre. Ha pasado de una relación vaginal a una anal, llegando de esta manera a lo referido por Pablo: «como encendidos en su lascivia unos con otros y cometiendo hechos vergonzosos hombres con hombres».

Será desastroso mirar cómo el hombre homosexual en búsqueda de nuevas pasiones y usos del cuerpo terminará sumido en un profundo abandono, desprecio y aislamiento de sí mismo. No es correcto que busquen ser aceptados en una sociedad común como la establecida por Dios a través de la naturaleza hombre-mujer, puesto que ellos han negado la mencionada naturaleza, que no podrán decir que ellos —homosexuales y lesbianas—, no nacieron de una relación hombre-mujer. Esto es lo más dramático en esta batalla por ser aceptados: alguien que pide ser aceptado por una sociedad que él mismo niega. Es como querer negar el cielo y pretender que cuando salga de casa no sea el mismo cielo que nos cubra.

Concluiré este párrafo diciendo lo siguiente: Aquellos y aquellas que se han aventurado en la búsqueda de un diferente uso del cuerpo, no encontrarán la manera de engendrar una nueva criatura, y tendrán que aceptar que solo a través de una relación hombre-mujer —o dicho de otra manera, a través de la unión «óvulo femenino y esperma masculino»— se puede dar vida a un ser humano.

Solo hay dos opciones, resignarse a vivir sin descendencia, o regresar a la naturaleza primaria del ser humano y olvidarse de la búsqueda de nuevas formas indiscriminadas del uso del cuerpo. Porque si quiere ser padre o madre de familia, lo mejor será que ustedes mismos tengan sus propias criaturas, producto de sus relaciones, antes que sentenciar a un inocente a vivir bajo un techo de relaciones antinaturales, puesto que terminarían abusando de los indefensos.

Y recibiendo en sí mismos la retribución debida a su extravío

¿Cuál es el futuro de la sociedad puesta en las manos de los hombres y mujeres en busca de una nueva sexualidad? Es lo mismo que el poder en las manos de los tiranos, termina subyugando y exterminando a quien no se apegue a sus reglas, y este exterminio de ideas contrarias a las suyas, solo termina en el exterminio de las gentes. Es de forma natural que tendremos que decir, que cuando el hombre y la mujer han llegado a una total violación de la ley de Dios, en ese mismo proceder han encontrado su más drástica destrucción. Esto sin contar el momento cuando todos tengamos que rendir cuentas de lo que hayamos hecho en vida, haya sido bueno o malo.

El último párrafo que hemos tomado como referencia para referirnos a los pecados o conducta contra naturaleza refiere la sentencia final para aquellos y aquellas que negaron con sus acciones y criterios la autoridad y autoría del Creador que dio vida a un ser perfecto y hermoso. Ser que ahora ha dejado de ser ambas cosas en su modo de vivir. No es simplemente el mal uso del cuerpo, sino también el mal uso del conocimiento, el mal uso de la mente, el mal uso de las cosas naturales y el abuso y mal uso de lo material, llevándolo de ser una ayuda para el hombre y la mujer a un detonador que puede estallar en cualquier momento y que termine con lo más hermoso de la raza humana.

Carta a la conciencia

Conciencia
- Conocimiento que el ser humano posee sobre sí mismo, sobre su existencia y su relación con el mundo.
- Conocimiento detallado, exacto y real de algo.
- Capacidad de discernir entre el bien y el mal, a partir de lo cual se puedan juzgar los comportamientos.

Señora conciencia, es difícil encontrarla. Nunca se le mira sino solo reflejada en las acciones de los individuos. A muchos se nos ha olvidado incluso que usted existe, dejando de esta manera de ser importante su formación e influencia sobre los hombres. Nos hemos olvidado de que es usted quien lleva al hombre a ser lo que externamente será dejando de ser lo que inocentemente fue. Dejando atrás cualquiera de los propósitos y formas en los que originalmente fue pensado el hombre (perdón, pero es que el hombre fue un pensamiento de Dios). Por lo tanto ha viajado dejándola a usted a la intemperie, a los vientos y corrientes del mundo. Donde los pensamientos y criterios viajan como una epidemia que se mueve libremente por el aire, epidemia que no conoce fronteras, razas, diferencias de lenguaje, ni considera colores de piel.

Quisiera pensar que cuando nace un niño existiera un paquete de regalo en el cual vinieran todos y cada uno de los conceptos y criterios correctos, pero lamentablemente los únicos paquetes de regalo de los cuales tenemos conocimiento son aquellos que están adornados de vivos colores. Esos que de alguna manera satisfacen nuestra vida, que en ocasiones se torna aburrida. Al niño se le enseña a entretenerse con juguetes de colores, a nosotros los grandes se nos entretiene con juguetes animados. En ocasiones tienen que ser incluso juguetes con vida, con voluntad, pero en muchos de los casos con una voluntad doblegada ante los deseos y pretensiones de otros, aquellos que se han convertido en títeres de una voluntad superior. Una que les permite conseguir lo que desean o necesitan. Es como el perro que se sienta y se da una vuelta sobre su propio cuerpo con el fin de agarrar la galleta deseada.

Es la conciencia el elemento perdido del hombre, es aquella que hemos abandonado a su suerte, la hemos abandonado tanto o mucho más que a los niños de las calles del mundo. Es la conciencia la que sufre la lluvia por no tener un lugar donde refugiarse y que es bañada por la lluvia sin desearlo.

Es la oxidación que la lluvia le produce la que va deteriorando aquella poca existencia que quedaba después del abandono. Son las ropas del maltrato las que la hacen lucir todavía peor, es el aroma que se desprende de su piel tostada al que no podemos acostumbrarnos, es aquel mismo aroma el que nos hace sentir más que incómodos cuando estamos cerca de ella, es la forma en la que luce la que nos invita todavía a ignorarla más.

Sentimos que no merece estar entre nosotros, sentimos que es indigna de nosotros, sentimos que deberíamos hacer algo para no volvernos a encontrar con ella. Es nuestra propia conciencia la que incluso siente pena por nosotros. ¿Acaso no somos nosotros mismos los que la abandonamos? ¿Acaso no fue la que nació con nosotros como nuestra compañera y mejor amiga, la que iba con nosotros sin preguntar, la que nunca nos reprochó incluso por su abandono? ¿Acaso no fue de quien nunca escuchamos una queja incluso cuando la íbamos cambiando por algo más, de quien nunca miramos un gesto de dolor pero en quien hoy vemos los estragos del abandono?

La conciencia es el eslabón perdido del hombre, su ausencia la hemos cubierto o llenado con distintos sustitutos. El niño dejado en las manos de alguien más, ah, pero no con pocos juguetes, no vaya a pasar que se nos aburra. Hemos reducido al amor, como afecto natural, a las relaciones sexuales que incluso en ocasiones llegan a lo antinatural.

La comunicación la hemos reducido a un cuadro de veintiocho pulgadas, los conceptos que hoy nacen y emanan de aquella caja de Pandora son en mucho los culpables del abandono que hemos dado a usted señora conciencia.

Conviene recordar el dicho que dice: «Trata bien a tus hijos porque ellos son quienes escogen tu asilo de ancianos». Por otra parte el matrimonio, que era para toda la vida, hoy ha sido sustituido por un contrato que puede ser cancelado; el soporte afectivo del padre al hijo ha tenido que ser llamado de diferente manera (manutención para el niño, Child support).

En 1981, con la aparición del SIDA, la respuesta de la comunidad no fue un alto a las relaciones sexuales fuera del matrimonio, fue una proclamación del sexo seguro. En lugar de cubrir o protegerse del contagio con la abstinencia y el respeto a uno mismo, la repuesta fue el condón. La solución pretendió seguir dando rienda suelta a la inmoralidad, y pensar que con eso podríamos detener la epidemia ocasionada por ella misma.

Hoy en nuestro mundo existen más de 42.000.000 de personas infectadas por el SIDA. La alta tecnología en las comunicaciones terminó casi con nuestra comunicación. La facilidad del divorcio ha hecho del casamiento algo casi innecesario, la educación académica ha incluso sustituido a la educación familiar. Los altos magistrados han dictaminado en contra de la vida misma, lo que antes fue el hermoso producto del amor de dos, es hoy el negocio más lucrativo de las clínicas de aborto. La mujer, la más hermosa expresión del género humano, es hoy el producto más vendido: es una imagen desnuda.

Señora conciencia, díganos por favor si todavía sobrevive. Ha sido mucho el tiempo que la hemos abandonado, suficiente como para que el día de hoy ya esté muerta. Pero quién sabe y tal vez algún milagro la mantenga viva. En caso de que nuestra búsqueda por usted sea ya demasiado tarde, espero algún día poder aunque sea llevar flores a su tumba en caso de tener alguna. De cualquier manera trataré de encontrarla en alguna parte. Sé que no la podré hallar vestida con ropas elegantes, tampoco con una dirección de correo postal, mucho menos anunciada en los periódicos. Sé también que la televisión nunca se ocupa de usted como para preguntarles.

Usted no aparece en las portadas de las revistas de glamour de nuestro tiempo porque no habría quién comprara su imagen. De cualquier manera seguiré buscando. Tal vez la pueda encontrar en algún pesebre vació; tal vez venga acompañando a algún niño al nacer. Puede que la encuentre cerca del dolor de una vida desperdiciada, o tal vez si camina por las calles la encontraría pidiendo una limosna. De cualquier manera y aunque en realidad no sé como es que usted luce, seguiré buscando aunque no sepa exactamente que es lo que busco.

¿Sabe cuánto lamento haber perdido la conciencia de la conciencia? La dejé olvidada, sin percatarme de ella de la misma manera que perdí la inocencia, cuando desperté a la realidad del mundo en el que vivo.

Por favor, ayúdenme a encontrarla, le hace falta a nuestro mundo, tanto como la música al sordo, tanto como la luz al ciego, tanto como el amor al corazón, tanto como Dios al hombre, tanto como que Dios debería ser la conciencia del hombre, tanto como que el hombre es un pensamiento de Dios.

Juicio final al ser humano

Recuerde el refrán que dice: «No hay tiempo que no se llegue ni plazo que no se cumpla». Todo hombre será juzgado por un tribunal, lo sabemos; y algún día el reloj marcará el momento en que su sentencia se cumpla.

Es efectivamente ese el momento en el cual nos queremos referir en este capítulo: el tiempo marcado en el reloj de la eternidad. Reloj en el cual el supremo Creador estipuló un instante, indeterminado en la existencia del hombre, en que tendrá que aparecer ante Aquel que es capaz de recoger, incluso, las almas de aquellos que han querido esconderse de la eterna e inminente vista del Todopoderoso.

Me referiré a un personaje que plasmó sus palabras en la historia, haciendo un desafío a quien puede no solo matar el cuerpo, sino que además es capaz de poner el alma en el infierno eterno. Aunque parezca una frase de ficción, triste será para aquellos que por los actos ejercidos en el cuerpo, tengan que enfrentar la pena de la sentencia eterna.

> El doctor Rodolfo Brito Foucher estigmatizó a Garrido diciendo de él lo siguiente: «No cree en Dios, ni en su raza, ni en la tradición racial, ni en la patria, ni en la tradición nacional o cultural, ni en la familia, ni en su padre, ni en su madre, ni en la moral, ni en la ley, ni en las instituciones sociales, económicas y políticas, ni en el honor, ni en la buena reputación, ni en la propia estimación, ni en

ninguna doctrina, ni en los principios. Solamente
tiene fe y cree en el éxito.[1]

El mismo que también dijera en cierta ocasión: Cuando
muera, quiero que quemen mis restos y esperen a que el río
Grijalva esté muy crecido para que tiren mis restos en él, para
que el Creador —si existiera— batalle en encontrarme.

Tomás Garrido, el enigmático gobernador tabasqueño,
que quemara las iglesias porque las consideraba en contra del
estado, gobernador que como pocos en la historia de la patria
mexicana, fuera elegido por dos períodos (de 1922 a 1926 y de
1930 a 1934), mismo que muriera de cáncer el año 1943 a la
edad de 53 años y quien sin duda tuvo que enfrentar la cruda
realidad encontrada en la creencia de sus palabras.

Será interesante mirar cuando el Todopoderoso llame a
Garrido Canaval a darle cuenta por sus hechos y por sus palabras, palabras que mostraron a quienes escucharon lo inflado
e infame de su proclamación. Sabrá entonces Garrido ¡cuánto
el Creador batalló en encontrarle!

El juicio al cuerpo

(El hombre se ha enfocado en el deleite y satisfacción del
cuerpo.)

El cuerpo ya tiene una sentencia sobre sí, al llegar a su eta-
pa de culminación y regresar al polvo, cumplirá su sentencia
(*al polvo volverás*). Por eso es de vital importancia aclarar que
las generaciones presentes, tal y como lo señalan la moda y las
tendencias actuales —fisicoculturismo, gimnasia, atletismo y

---

1. *Historia de la Iglesia en México*. Pág. 420 Editorial Porrua, S.A. México,
   1974. Por José Gutiérrez Casillas, S.J.

muchas otras— prestan especial énfasis al «culto al cuerpo» invirtiendo tiempo y dinero con la finalidad de mantener este cuerpo mortal en buen estado.

Quisiera recordarle que toda nuestra inversión de tiempo y dinero tendrá su peor desenlace en la tumba, donde los gusanos harán de nuestro cuerpo y nuestras inversiones un banquete servido a la pudrición. No quiero decir que usted y yo debemos dejar de cuidar nuestra salud y hábitos alimenticios, pero sí que hemos olvidado atender a ese cuerpo inmaterial, llamado alma, en la misma medida en que prestamos atención al cuidado del cuerpo físico. Y es el alma quien en realidad sostiene al cuerpo y en su momento particular, también tendrá que enfrentar un proceso en el cual habremos de recibir el justo pago por los actos que hicimos. Sin duda alguna, es el alma (decisiones) quien ha llegado a la toma de decisión que ha afectado o beneficiado nuestra conducta sobre la tierra.

Hoy los lugares dedicados al cultivo del cuerpo y la publicidad en búsqueda de una mejor figura física, así como también las dietas, no con el fin de estar saludable sino de estar presentable, abundan por todos lados, ofreciendo más vanidad y dando más importancia a lo externo que a lo interno.

Si mira las páginas anteriores de este libro, recordará que referimos que el descuido del cultivo en el hombre interior es lo que nos ha llevado a tener una sociedad desenfrenada, peligrosa y convulsiva. De este mismo modo el cultivo del cuerpo y el olvido del alma nos refieren nuevamente que hemos olvidado lo espiritual y enfocado solo lo material. Hemos ido condenando nuestra alma a correr la misma suerte que el cuerpo. Y es así que nuevamente enfatizó que en la misma medida que atendemos al cuerpo físico, también debemos atender nuestro «cuerpo» inmaterial llamado «alma». Alma que para muchos ni siquiera existe.

Ha sido nuestra apatía por el espíritu inmortal que somos todos, lo que nos impide prácticamente hablar con sinceridad de las cosas que cultivan el hombre interior.

El juicio al huésped del cuerpo

Cuando entramos al terreno de lo espiritual hay demasiadas diferencias en la interpretación del hombre interior, este que no puede ser visto sino solo a través de la figura externa, que es quien lo expresa a la vista natural.

Hay quienes dicen que el alma, con la pérdida de la vida, también deja de existir. Pero el libro más antiguo del planeta, en el cual se encuentra la más grande sabiduría de este mundo, señala que el alma tendrá un juicio ante su Creador o Autor y que tendrá que responder a sus preguntas. Es precisamente en este terreno donde los incrédulos niegan la existencia de tal juicio, puesto que nadie a la fecha ha podido —a excepción de Jesucristo—, morir y resucitar para dar fe de lo que existe en el tan famoso «más allá».

Antes que intentar entrar en el terreno de la especulación con referencia al alma, tendremos que regresar al origen de ella, y este origen se llama Dios.

> Génesis 2.7: Entonces Jehová Dios formó al hombre del polvo de la tierra, y sopló en su nariz aliento de vida, y fue el hombre un ser viviente.[2]

Otra versión expone el mismo versículo así:

> Formó, pues, Jehová Dios al hombre del polvo de la tierra, y alentó en su nariz soplo de vida; y fue el hombre en alma viviente.[3]

---

2. *Reina Valera Revisada 1960*, Sociedades Bíblicas Unidas, Estados Unidos de América, 1998.

3. *Reina Valera 1909*, Sociedades Bíblicas Unidas, Corea, 1999.

Y con el fin de aclarar un poco más el panorama no solamente bíblico sino también en el terreno de la investigación, veamos lo que señala Agustín de Hipona acerca del alma.

> Agustín afirma que el hombre es una criatura que tiene alma y cuerpo, pero cuya esencia y naturaleza propia es precisamente el alma inextensa y racional
>
> Son tres las partes de que consta el hombre: espíritu, alma y cuerpo, que por otra parte se dicen dos, porque con frecuencia el alma se denomina juntamente con el espíritu; pues aquella parte del mismo racional, de que las bestias carecen, se llama espíritu; lo principal de nosotros es el espíritu; en segundo lugar, la vida por la cual estamos unidos al cuerpo se llama alma; finalmente el cuerpo mismo, por ser visible, es lo último de nosotros. (*De fide et symbolo*, 10.)[4]
>
> Alma, en muchas religiones y filosofías, elemento inmaterial que, junto con el cuerpo material, constituye al ser humano individual. En general, el alma se concibe como un principio interno, vital y espiritual, fuente de todas las funciones físicas y en concreto de las actividades mentales.

Religiones orientales

En Oriente, la creencia en el alma humana es crucial en varios sistemas filosóficos y religiosos. Así, por ejemplo, a comienzos del hinduismo el alma (atmán) estaba considerada como el

---

4. *Introducción a la Filosofía*. Pág. 171. Editorial Clie. 1999 Por el autor: Alfonso Ropero. Printed in Spain.

principio que controla todas las actividades y define la identidad de uno y su conciencia. Las obras filosóficas hindúes, los Upanisad, identifican el atmán con lo divino (Brahman), añadiendo una dimensión eterna al alma. El budismo es único en la historia de las religiones porque afirma que el alma individual es una ilusión producida por diversas influencias sicológicas y fisiológicas. No tiene concepción de un alma o ser que pueda sobrevivir a la muerte.

La religión china postula un alma dual, dividida en una parte más baja, más material (el *p'o*) y una parte mental más elevada (el *hun*). La primera muere con el cuerpo y la última sobrevive a la muerte y se convierte en el foco de adoración de los antepasados.

Judaísmo y cristianismo

En el judaísmo primitivo se define la personalidad humana en su conjunto, sin hacer una clara distinción entre el cuerpo y el alma. Hacia la edad media, sin embargo, el alma era definida como el principio de vida, y era considerada capaz de sobrevivir a la decadencia corporal. La doctrina cristiana del alma se apoyó en las filosofías de Platón y Aristóteles. La mayoría de los cristianos creen que cada individuo tiene un alma inmortal y que la personalidad humana en su conjunto, compuesta de alma y de cuerpo resucitado, debe, a través de la fe, garantizar la presencia de Dios después de la vida. La teoría neoplatónica del alma como prisionera en un cuerpo material prevaleció en el pensamiento cristiano hasta que el teólogo del siglo XIII, santo Tomás de Aquino, aceptó el análisis de Aristóteles sobre el alma y el cuerpo como dos elementos conceptualmente distinguibles de una sola sustancia. De ahí, el cristianismo luchó durante un largo período contra el gnosticismo, el maniqueísmo y sectas análogas que consideran el alma como exiliada de los reinos espirituales de luz en un universo material completamente corrupto.

Islam

Las enseñanzas del islam sobre el alma relacionan las del judaísmo y las del cristianismo. Según el Corán, Dios dotó de alma al primer ser humano, y a la hora de la muerte el espíritu de los creyentes es llevado ante Dios.

Significado social

La fe en la existencia de las almas puede tener efectos sociales importantes mediante el reforzamiento de los deberes morales y servir como principio guiador en la vida. El significado cultural de la creencia en las almas refleja la universalidad de los problemas para los cuales representa una respuesta: la compleja cuestión de la personalidad humana, las experiencias morales y espirituales de la vida, y la eterna cuestión de la inmortalidad.[5]

> **ALMA** 1. La palabra hebrea corriente *nefesû*
> (nʃsaµmaÆ, Isaías 57.16, es una excepción) ocurre
> 755 veces en el Antiguo Testamento. Como resulta
> claro por Génesis 2.7, el significado primario es
> «que posee vida». Así, se usa frecuentemente para
> los animales (Génesis 1.20, 24, 30; 9.12, 15–16;
> Ezequiel 47.9). Algunas veces se la equipara con la
> sangre, como algo que es esencial para la existencia
> física (Génesis 9.4; Levítico 17.10-14;
> Deuteronomio 12.22–24). En muchos casos
> representa el principio vital. Este sentido de la
> palabra es frecuente en el libro de los Salmos, pero
> de ningún modo está limitado al mismo.

---

5. «Alma», *Enciclopedia Microsoft® Encarta® 99*. © 1993-1998 Microsoft Corporation. Reservados todos los derechos.

Las numerosas ocasiones en que aparece con alguna referencia síquica abarcan diversos estados de conciencia: (a) en las que *nefesû* es el asiento del apetito físico (Números 21.5; Deuteronomio 12.15, 20-21, 23-24; Job 33.20; Salmos 78.18; 107.18; Eclesiastés 2.24; Miqueas 7.1; (b) en las que es la fuente de las emociones (Job 30.25; Salmos 86.4; 107.26; Cantares 1.7; Isaías 1.14); (c) en las que está asociada con la voluntad y la acción moral (Génesis 49.6; Deuteronomio 4.29; Job 7.15; Salmos 24.4; 25.1; 119.129, 167). Además hay pasajes en los que *nefesû* designa a una persona o individuo (p. ej.: Levítico 7.21; 17.12; Ezequiel 18.4) o se emplea con un sufijo pronominal para denotar la propia persona (p. ej.: Jueces 16.16; Salmo 120.6; Ezequiel 4.14). Una notable extensión de este último uso es la aplicación de *nefesû* a un cuerpo sin vida.[6]

En el libro *El hombre en busca de sentido*, el doctor Víctor E. Frankl muestra casi al descubierto el alma, cuando en los campos de concentración los prisioneros son llevados a las más miserables condiciones y en las que solo el alma les permite seguirse aferrando a la vida, de nueva cuenta a algo inmaterial, algo que solo es visto de manera material a través de las acciones reflejadas por los hechos; y que se llama «amor».

Mientras marchábamos a trompicones durante kilómetros, resbalando en el hielo y apoyándonos continuamente el uno en el otro, no dijimos palabra, pero ambos lo sabíamos: cada uno pensaba en su

---

6. Douglas, J.D., *Nuevo Diccionario Bíblico Certeza*, Ediciones Certeza, Barcelona, Buenos Aires, La Paz, Quito, 2000, 1982.

mujer. De vez en cuando yo levantaba la vista al cielo y veía diluirse las estrellas al primer albor rosáceo de la mañana que comenzaba a mostrarse tras una oscura franja de nubes. Pero mi mente se aferraba a la imagen de mi mujer, a quien vislumbraba con extraña precisión. La oía contestarme, la veía sonriéndome con su mirada franca y cordial. Real o no, su mirada era más luminosa que el sol del amanecer. Un pensamiento me petrificó: por primera vez en mi vida comprendí la verdad vertida en las canciones de tantos poetas y proclamada en la sabiduría definitiva de tantos pensadores. La verdad de que el amor es la meta última y más alta a que puede aspirar el hombre. Fue entonces cuando aprehendí el significado del mayor de los secretos que la poesía, el pensamiento y el credo humanos intentan comunicar: la salvación del hombre está en el amor y a través del amor.

Cuando el hombre se encuentra en una situación de total desolación, ese hombre puede, en fin, realizarse en la amorosa contemplación de la imagen del ser querido.[7]

A través de los tiempos, y en casi todas las culturas y civilizaciones pasadas, ha sido aceptada la existencia del alma,

para los estoicos, Filón y Plutarco, para ellos el alma está en el cuerpo, el intelecto está en el alma; el alma está en el cuerpo. El alma es atraída hacia lo alto por el intelecto, y hacia abajo por el cuerpo.

---

7. By Víctor E. Frankl. *El hombre en busca del sentido*. Pág. 45 y 46. 1979 Empresa Editorial Herder, S. A. Barcelona.

Pero aunque generalmente se ha aceptado su existencia, lo cierto es que poco se ha prestado atención a su cuidado y cultivo. Sin embargo, amigo lector, haré para usted una pequeña aclaración. ¿Recuerda al hombre que estaba sentado frente al banco local? Lo que él hará con la información que tiene, dependerá totalmente de su ser interior, en otras palabras, dependiendo de quién se encargó de dar formación a esa alma, es lo que ocurrirá con él y con los que se encuentran a su alrededor.

No es el cuerpo el que decide las cosas, sino el alma quien envía la orden al cuerpo de ejecutar una acción. Por eso es que cuando planteo la interrogante ¿es el hombre una máquina del mal? afirmo que en su ser completo no es una máquina del mal, pero sí puede ser usado para el mal o para el bien. Es esta capacidad de elección la que está en juego. ¿Cómo utilizará la información que ha acumulado con el paso de los años? Serán las acciones visibles las que nos permitirán mirar lo que hay en el hombre interior.

Hace tiempo viví en un apartamento en el que tuve por vecino a un joven. Vivía en el piso superior. Era un joven soltero, con pocos amigos, muy callado y aparentemente pacífico. Hasta que llegó el día en que aquella aparente pasividad dio paso a la acción que reflejaba el estado interno de su alma. Frustrado por un disgusto que tuvo con un familiar y la consecuente pérdida de la relación decidió quitarse la vida. Una tranquila noche, agarró un filoso cuchillo de su cocina para cortarse las venas y así dejar de existir.

Nos percatamos de lo que ocurría porque su mejor amigo, al llegar a su casa y acostarse a dormir, no pudo conciliar el sueño. Este, intranquilo, revisó la máquina contestadora de su teléfono y escuchó los mensajes que tenía del día. En uno de ellos su amigo le decía: «Cuando escuches este mensaje, yo ya estaré en el infierno».

A ese muchacho los sentimientos de soledad y desesperación que lo apresaban le hicieron suponer que al matar el cuerpo terminarían también sus problemas. No sabía que el alma, aun después de que el cuerpo muriera, seguiría viviendo. Debo hacerle esta pequeña aclaración y decir que no es el cuerpo el autor de los sentimientos, sino el alma quien los anida y les da formación.

El joven, como usted y yo, tenía que atender a su cuerpo inmaterial, con el fin de cultivar en sí mismo un ser interior capaz de amar, capaz de formar una familia bajo buenos principios morales. La razón por la cual nada de esto pasaba era simplemente porque la manera en la cual su hombre interior había sido entrenado o educado fue en un ambiente hostil. Quizás en uno saturado de alcohol, droga, maltratos físicos. Es más, incluso el asesinato de su padre y su hermano gemelo, hicieron que abandonara su yo interior.

En este hombre interior es que deberíamos poner mayor atención, porque esta alma tiene totalmente valor en el mundo inmaterial (el mundo de los espíritus). Muchos se han dedicado a hablar del mundo espiritual, pero prestando más atención a quienes hablan de lo espiritual basados (como dice el grupo Maná) en «ángeles caídos» o espíritus diabólicos. Se ha prestado más atención a la brujería, a los síquicos y a los gitanos, que aparentemente tienen la facultad de predecir el futuro, sin saber que lo único que hacen al obedecer a estos individuos y sus sartas de mentiras es atarse cada vez más a la oscuridad del mal. Se convierten en almas oscuras puesto que su ser interior es llenado de negras intenciones, que darán a luz el verdadero y malvado ser interior que vive en ellos. Cada acción fecundada en el alma y el espíritu llevada a la intención de ser ejecutada, dará a luz la acción buena o malvada que dio formación al criterio del ser interior.

Será nada menos el alma, quien enfrentará en el mundo de los espíritus una sentencia en la cual el tiempo y el espacio no existen, dado que el alma es eterna. También eterna será la sentencia o la recompensa, será el momento en el cual se definirá si el hombre fue una máquina del mal. La inocencia

puede ser pervertida, el conocimiento puede ser mal utilizado, pero la elección, en su particular caso, es determinada de
forma única por cada individuo.

Alma viviente

¿Quién vigila la cuna donde descansa el pequeño, indefenso e
inocente niño?

Es como si en el momento de que este es entregado al
mundo de los vivos, ya alguien lo estuviera esperando como
alma a quien asaltar. Es como si fuera un valioso motín carga-
do, para después de ser conquistado, ser la más valiosa presa
de su captor o señor.

Esta caminará por la vida con la eterna compañía insepara-
ble a la cual solamente ella tendrá que decidir a quién quiere
atender. Es como la mirada de alguien invisible que aun en
contra de su voluntad estará presente. Estos acompañantes
del alma nacida tienen nombre, y al igual que el alma incorpó-
rea su presencia es invisible al ojo humano, pero es notoria al
hombre.

El alma casi totalmente olvidada por la humanidad, olvidada porque se ha prestado más atención al cuerpo que al habitante de él. Olvidada porque no representa una ganancia al
mundo natural.

Las miradas estarán ahí, como gato que pretende ligar su
presa, esperando el momento preciso en el cual actuar.

En primer lugar; está y estará Dios, esperando que el alma
por sí misma decida volver a su Autor y Señor, decida volver al
origen de donde surgió, y que permita ser guiada por Aquel
que la conducirá al hogar de paz, donde Dios como autor de
su existencia tiene todo lo que pueda necesitar.

En segundo lugar estará la muerte, aquella cual dueña
del cuerpo mortal quiere despojarla de su habitación tem-
poral.

Y por último, estará Satanás, como ojo maligno, vestido de una sonrisa burlona, acompañado de tantos placeres y deseos con los cuales engañar a la recién llegada criatura al mundo natural, alma viviente.

«Todo esto le daré a cambio de su voluntad. Si tan solo me atendiera un momento y mirara lo que tengo que darle, podríamos caminar, hasta que la muerte nos uniera para siempre.

Es como un contrato, pero en este no tiene que firmar nada. Se puedes ir cuando usted quiera, solo hay un riesgo, ¿cuál es?

La adicción.

Pero ¿qué es eso?

No se preocupe, no tiene importancia. Pero sabe, lo que tengo que darle es lo que importa, si tan solo me da su voluntad.

El alma, en su viaje terreno, decidirá su eternidad. Es el alma aquella que Dios formó y quiere llevar a su gloria; es el alma y no la carne aquella que puede ser recibida en el mundo espiritual. Es aquella que recibirá la oferta del bien y el mal, es la que sentirá las mieles del bien recibido o las llamas del fuego que al igual que el alma, nunca se apagan.

Quien vigila la cuna del inocente dormido hará su oferta, y a quien el alma le extienda la mano, será su amo. Más tarde o más temprano podrá el alma ver la cara de quien le susurró en la cuna una invitación para vida o para muerte.

9

Juicio final al autor del pecado

Hay una lista de personajes famosos que aguardan por la ejecución de la justicia divina. Será interesante observar a muchos de los que mancharon la historia de la humanidad con sus hechos bochornosos. Entre ellos están:

- Hittler. Por asesinar a seis millones de judíos.
- Barrabás. El ladrón preferido antes que Jesús.
- Judas Iscariote. Que entregó a Jesús.
- Nerón. Que quemó a Roma y culpó a los cristianos.
- Garrido Canaval. Que dijera: «Que tiren mis restos en el río Grijalva, para que el Creador —si existiera— batalle en encontrarlos».
- Pilatos. Que mandó a azotar al Maestro.
- Tito. Que asesinara a 2.500 prisioneros judíos solo en la fiesta de cumpleaños de su hermano Domiciano, mediante juegos con fieras y llamas.
- Nabucodonosor. Por quemar el templo de Jerusalén. El oro y la plata y todos los tesoros del templo y del palacio fueron llevados a Babilonia, y Nabucodonosor dedicó los vasos santos a sus propios dioses.
- Mexatli. Brujo mexicano de la antigüedad.

Pero en esa lista Satanás aparecerá como el culpable de todos los hechos vergonzosos de la historia. Dios no lo buscará a través del universo, ni tampoco en los agujeros negros del cosmos, ni en las profundidades del mar, ni en las tinieblas de la noche. Cuando en el escenario del juicio ante la «Corte Suprema Celestial» se prepare la audiencia, Satanás se encontrará en la silla de los culpables, sentado para ser sentenciado. No habrá en el universo entero un abogado que quiera tomar el caso del más solicitado.

Y cuando se pregunte cuáles son las razones por las que este juicio da inicio, será impresionante mirar la lista interminable de los delitos que Satanás cometió en contra de Dios, del hombre, de la naturaleza, de los ángeles caídos, y contra sí mismo.

¿De qué se acusa a Satanás?

- De querer usurpar el trono de Dios.
- De pretender ser semejante al Altísimo.
- De ser el padre de la mentira.
- De engañar a los ángeles en el cielo.
- De ser el padre de los asesinatos.
- De confundir al hombre en su paso por la tierra.
- De engañar a los escogidos.
- De la homosexualidad.
- De la violencia.
- Del lesbianismo.
- Del aborto.
- De perseguir a la Iglesia.
- De la promoción de todo tipo de adicción.
- De la falta de moral.

Estos son algunos de los delitos por los cuales Satanás tendrá que pagar. Aunque el hombre en su afán de contradecir a Dios, afirme que el lago de fuego no existe, contéstese usted: ¿Dónde sería el mejor lugar para encerrar a Satanás? Acaso ¿se podría encerrar en una de las cárceles más seguras del mundo? ¿Podrá el hombre construir una celda donde retener al diablo? El diablo no ha podido ser detenido por la historia, no ha podido ser detenido en su intento de destruir al hombre, logró engañar a los ángeles en el cielo, a Eva en el huerto, pretendió engañar a Jesucristo en el monte y a todos nosotros, queriéndonos robar la única posibilidad de llegar a ser inmortales a través de Jesucristo. Ha querido robarnos nuestra identidad como criaturas de Dios, y a través de todas las generaciones ha enviado a miles de millones al destino más temido por él mismo: «el fuego eterno».

Satanás ha encarnado sus diabólicas intenciones en el hombre llevándolo a convertirse en una máquina del mal. Logró entrar en Judas, quien entregara a Jesucristo. Logró apoderarse del corazón de Hittler para pretender exterminar a los judíos. Se entronizó en la mente y corazón de Sadamm Husein para asesinar a cuantos se pusieran a su paso. Logró convencer a *Nabucodonosor de incendiar el templo y el palacio de Jerusalén*. Ha logrado engañar y apoderarse del corazón de millones de personas. Ha logrado degradar al hombre hasta los más bajos e inimaginables niveles de perversión. Ha convertido al hombre en el asesino de sus congéneres. Ha esclavizado a millones de seres humanos con el odio, el rencor y las adicciones. Se ha burlado de la raza humana, la ha llevado de la mano a ser malvada, incorregible, peligrosa y en muchos de los casos indeseable.

No es el hombre quien tiene en sus manos la forma de poner tras las rejas a un ser infernal como este, que se presenta en apariciones nocturnas espantosas, en ritos satánicos, en invocaciones a los muertos, en violencia desmedida y, por si fuera poco, sediento de sangre humana. Sediento de terminar con aquel que llegara a ser la corona de la creación: un hombre hecho del polvo. Uno que aparentemente no merecía nada, pero a quien se le otorgó honra y gloria, y que aunque es menor que los ángeles, Dios lo visita.

Son millones de años en el tiempo, en el tiempo marcado por el reloj de Aquél que puede no solo medirlo, sino que también puede medir la eternidad donde el tiempo no existe, donde nada envejece, donde todo persiste en su forma original, donde el día y la noche no tienen posesión, donde no hay principio ni fin. Y será el mismo Dios, el creador del universo, quien pondrá fin a este malvado, miserable, despreciado, engañador, perverso, diabólico y satánico personaje.

No podrá más viajar en el tiempo sin límites, no podrá más moverse a sus anchas en el espacio como acostumbra, no podrá más acercarse al hombre y engañarlo, no podrá más dar órdenes a los ángeles caídos que viven en la oscuridad sujetos a un patrón miserable. No podrá más apoderarse de los sentimientos de los seres humanos, porque entonces los hombres y las mujeres serán puestos en un lugar seguro donde ese ser infernal y malvado no podrá hacerles daño más, por los siglos de los siglos.

Una vez que Satanás sea sentenciado a las llamas de fuego del infierno, que nunca se apaga y que muchas conciencias han tratado de apagar, no podrá escapar nunca más de ellas. El fuego es el único elemento sobre la tierra —y al parecer también en el universo—, capaz de castigar y mantener bajo su control a un Satanás que tendrá que pagar por todo el mal que se ha apoderado del mundo.

Entre sus acompañantes tendremos que mencionar a algunos, los más famosos, los más esperados, los más temidos:

- La muerte
- El hades
- El falso profeta
- La mentira.

Será espiritualmente impresionante, humanamente esperado y tremendamente necesario, llegar al momento en el que Satanás esté sentado en la silla de quien será sentenciado.

¿Puede imaginarse cómo será la silla en la que el diablo se sentará para ser sentenciado? Toda la raza humana mirará en pantalla grande el proceso de enjuiciamiento que se ejercerá en contra de Satanás. Todos los hombres y mujeres que fueron lastimados, dañados, muertos y extraviados por sus malas intenciones y acciones, serán testigos de los hechos más despreciables que ese ser infernal realizó en las personas que ¡no eran una máquina del mal!, pero que fueron influenciadas e inducidas por el mal. Será en ese momento cuando se podrá mirar con clara imagen, quién era el que realizaba a través del hombre todo el mal que miramos hoy en nuestro mundo.

En la actualidad sentenciamos al hombre a pagar por sus delitos, lo encerramos por lo que ha realizado en contra de la humanidad, incluso lo condenamos a muerte, pero aunque nos deshagamos de un individuo influenciado por el mal, no hemos podido poner en custodia al mal que se apoderó de él. Es por eso que aunque un asesino sea sentenciado a la muerte o al castigo, siempre habrá alguien más que será influenciado por el mismo sentimiento de maldad.

El hombre no ha podido, ni podrá encerrar los malos sentimientos ni las malas intenciones, puesto que son intangibles, invisibles. Son como un mal aire que entra en la persona y que nadie puede detener. Incluso no se sabe en qué momento esta mala intención se apodera de la persona, pero lo que sí podemos determinar, es que no es el hombre un ser malo en sí mismo, sino que más bien es influenciado por el mal, instruido por el mal, seducido por el mal, utilizado por el mal y —por consecuencia— culpado por ese mal para el cual fue utilizado.

Satanás tendrá que desaparecer del universo. Las galaxias ocupadas hoy por él deberán ser limpiadas de su influencia infernal. Los aires deberán ser descontaminados y la tierra desecha por su culpa y maldad. Pero no es el hombre quien podrá llevar a cabo esta inmensa tarea, no es el hombre con su poder sobre las cosas terrenas quien podrá poner en un lugar seguro a este espíritu de maldad. No son cárceles sofisticadas las que se necesitan, más bien son prisiones capaces de detener y encarcelar a los espíritus las necesarias para detener a toda esta cantidad de malos espíritus invisibles al ojo humano y que son aunque —usted no lo crea—, los causantes de todo el mal que hoy es ejecutado por el hombre.

Juicio al espíritu de mentira

Este espíritu que ha pasado casi inadvertido y al que no hemos puesto mucha atención es el que ha llevado a la raza humana a convertirse en una sociedad en la cual, no solo se acepta la mentira, sino que además es promovida por todas las generaciones como algo inofensivo.

La mentira, como su nombre lo indica, ha engañado a la raza humana. ¿Cómo? Haciéndole creer que mentir no es nada importante o dañino. Todo lo que sucede con este horrible mal es que confunde, enajena la mente y trastorna la conducta de los individuos. La mentira forrada en una sutil e indiferente malicia ha llegado a convertirse incluso en lo que llaman «mentira blanca». Este tipo de mentiras es usada, podríamos decir, casi por todos: presidentes, pastores, reyes, rabinos, sabios, ignorantes y demás.

La mentira es tan común que hasta diríamos que hace falta en la sociedad. No sabemos vivir sin ella. La usamos en diferentes formas: por conveniencia, para salir de un apuro, para no pagar una cuenta, para no pagar tantos impuestos, para no aparecer como culpables, para no ser juzgados de mentirosos, para quedar bien, para no quedar mal, para hacer sentir bien a alguien más, para no ofender, para halagar sin razón, para recibir algún favor, etc.

Es como el ingrediente innato de la sociedad. Una sociedad en la que el padre del engaño ha engendrado su más impresionante enfermedad: la mentira. Tanto que hace al hombre mentir sin la conciencia de que ello es un elemento de uso diabólico, es un elemento que nace en el corazón del diablo. Sin embargo, la astucia diabólica es a tal grado que si algo se le atribuye al diablo es nada menos que la mentira. Pero tal parece que la mentira se ha vuelto popular, necesaria y —no quiero llegar a decir— indispensable.

Mentiras y mentirosos famosos

Bill Clinton. Cuando se le preguntó si había tenido algo que ver con Mónica Lewinsky, le mintió a la nación y al mundo negando su relación con ella.

Pedro. «Tú también estabas con Jesús el Galileo». «No sé lo que dices. No conozco al hombre». Él comenzó a maldecir y a jurar: «No conozco al hombre».

Abraham en Egipto. «Ahora, pues, di que eres mi hermana, para que me vaya bien por causa tuya, y viva mi alma por causa de ti.

Walter Mercado. Ofrece a los hombres doce destinos en los cuales se divide toda la vida de más de seis billones de seres humanos en el mundo, como si el destino de los hombres solo se dividiera o se limitara a doce. Los horóscopos.

José Alfredo Jiménez. «La vida no vale nada».

Darwin. El hombre viene del mono.

¿Cuál fue la mentira que engañó al hombre en su paso por la tierra?

La lista es impresionante y a la vez interminable, pero no solo es el diablo el que le ha mentido al hombre, sino que también el hombre les ha mentido a sus propios pares.

- Dios no existe.
- No hay vida después de la muerte.
- Dios no enviará a nadie al infierno.
- El infierno no existe.
- No necesitas a Dios.
- No necesitas de nadie.
- El amor no existe.
- ¿Quién ha regresado de la muerte?
- Dile que no estoy.

El padre de mentira, o diablo, necesita el alma y la voluntad del hombre para poder engendrar la mentira. Él no puede engañar a un espíritu puesto que estos miran el mundo espiritual tal cual es. La mentira solo es traída a la raza humana a través del engendro malévolo del diablo. El corazón de los hombres es buscado como el lugar o vientre necesario, en el cual el germen de la mentira es depositado para que después de ser fecundado, pueda nacer y terminar con la tranquilidad o la esperanza del propio hombre. El espíritu de mentira deberá desaparecer para dejar de ser la mala influencia que seduce y utiliza al hombre como una máquina del mal.

Cuando el martillo golpee la mesa del Juez supremo, y el sonido que emita se difunda por todas las galaxias existentes y resuene en los agujeros negros del cosmos, en las profundidades inalcanzables del mar, en los oscuros espacios de la noche, y en los más inhóspitos e incógnitos lugares del infierno; cuando se dé el aviso universal de que Satanás es llevado al lugar preparado para él, sus ángeles y sus seguidores, será entonces que se cumplirán las palabras eternas del Creador cuando afirmó diciendo: Se inclinarán hacia ti los que te vean, te contemplarán, diciendo: ¿Es éste aquel varón que hacía temblar la tierra, que trastornaba los reinos; que puso el mundo como un desierto, que asoló sus ciudades, que a sus presos nunca abrió la cárcel? Todos los reyes de las naciones, todos ellos yacen con honra cada uno en su morada; pero tú echado eres de tu sepulcro como vástago abominable, como vestido de muertos pasados a espada, que descendieron al fondo de la sepultura; como cuerpo muerto hollado.

Y será infinitamente indescriptible mirar la sala de las víctimas que sufrieron a causa del horrendo Satanás. En la fila de enfrente, muy cerca de la escena, aparecerá sentado Abel, la voz de aquella sangre que clama a Dios desde la tierra por venganza. Estarán allí sentados en las bancas de aquella sala de audiencia todos los niños abortados, todos aquellos que fueron colapsados succionándoles el cerebro en el vientre materno y pasándolos por un molino como si fueran papel desperdiciado.

Estarán allí de todas las naciones, de todas las razas, no importará la razón por la cual fueron abortados, estarán allí como testigos del mal de Satanás. Estarán también presentes los millones de judíos asesinados por Hittler. Aquellos que fueron asesinados en las cámaras de gases, aquellos que fueron muertos en trabajos forzados, aquellos que sirvieron como experimentos a los médicos del mal uso de la profesión.

Estarán también presentes como testigos honrosos los mártires que murieron en los circos romanos, aquellos que fueron devorados por las fieras salvajes, quemados en los postes para ser exhibidos como antorchas humanas; todos los muertos en las mesas del sacrificio azteca, estarán allí también todas las doncellas que fueron sacrificadas para apaciguar la ira de los inexistentes dioses inconformes.

Estará Esteban, aquel que aun en su dolor pidiera para sus agresores que no les imputara ese pecado, pero que indiscutiblemente este pecado aparece en la lista de los males llevados a cabo por la influencia de Satanás. También estarán todos aquellos muertos por el celo religioso, aparecerá en la lista todos los nombres y apellidos de aquellos que murieron a manos de los tiranos. La sala de los testigos será interminable, el común denominador que impera en aquellos testigos en contra de Satanás, es que él ejecutó su maldad en ellos, utilizando al hombre como una máquina del mal al apoderarse de su alma y corazón hasta el grado de no saber lo que hacían.

Aunque en verdad es Satanás el culpable del mal, fue el hombre quien por voluntad propia se dejó instigar para ejecutarlo. Es decir, Satanás es el autor intelectual y el hombre el autor material.

No sabemos, ni podemos imaginar el tiempo y el espacio en el cual Satanás será llevado a las llamas del infierno que arde con fuego y azufre, donde la llama nunca se extingue y donde el gusano nunca muere. Las eternas llamas del infierno fueron creadas y reservadas para el diablo y sus ángeles. Después que el martillo del juez celestial resuene, el diablo será puesto en la única cárcel capaz de retenerlo para siempre, por los siglos de los siglos, y se cerrarán sus puertas, sus candados. Será un caso terminado.

El eterno Creador pondrá sus sellos, sellos inviolables, sellos divinos, sellos que la humanidad entera, el cielo mismo y la tierra están esperando para que el autor del pecado no dañe nunca más, ni a los ángeles, ni al hombre, ni a la tierra, ni al cielo, ni los aires, y que todo lo que existe quede a salvo del mal.

10

Exterminio total del pecado

«Y fueron todos muy felices…»

A veces quisiéramos que todas las historias en las que se ve involucrado el hombre terminaran de esa manera, pero todos sabemos que muchas de las que se viven a diario en este mundo, no terminan así.

En el caso de Satanás, que es el autor intelectual del pecado y que además es el trasmisor directo al hombre, tendrá que enfrentar —en el tiempo marcado de la eternidad— el momento en que el universo entero estará a salvo de su maldad.

A veces pareciera imposible pensar que algún día, espero no muy lejano, podamos vivir sin la amenaza del mal. Han pasado muchos siglos desde que el hombre fue puesto en la tierra, y los efectos del mal antes que desaparecer se vuelven cada día más sofisticados. Hoy se habla de hijos probeta, bombas dirigidas por satélites, tiranos, figuras deformadas y deformistas y, como si fuera poco, casi ya no se escucha una voz que clame por justicia bajo los términos de Dios.

Si bien es cierto que el hombre no es una máquina del mal, también lo es que en muchos de los casos el espíritu de mentira tiene más credibilidad porque los hombres encuentran más atractivo lo malo que lo bueno.

Algunos, con la falsa esperanza de ser diferentes, van en contra de ellos mismos, en contra de la buena conducta, en contra de los buenos principios, en contra de la naturaleza, en contra de los principios morales, en contra de la paz, en contra de la humanidad, en contra de Dios.

Todas estas formas de actuación por parte del hombre y la mujer, solo obedecen a una influencia y es nada menos que la de Satanás. Aquel que fue bello y hoy es espanto, aquel que vivía en el cielo y su destino ahora es el infierno, aquel que era el sello de la perfección y hoy es el sello de la perversión, aquel que fue formado con elementos especiales, y cuyo elemento más común son los gusanos. Aquel que siendo un servidor de Dios quiso usurpar el lugar de Dios, aquel que siendo un ángel llegó a ser un diablo, aquel que adornaba con su música el cielo, y que ahora llama con ella misma al infierno. Aquel que era perfecto y que ahora es corrupto e imperfecto, aquel que era un ángel de luz y ahora es un ser de las tinieblas, aquel que si ha engendrado algo es la mentira. Aquel que disfruta y se complace en la muerte del hombre, aquel que siente envidia por un ser como el hombre mucho menor que él, pero coronado de honra y de gloria por Dios. Aquel que quisiera arrancar de la esperanza humana la posibilidad que él no tiene de la salvación, aquel que no tiene lugar porque ha sido como muerto, hollado en vida; aquel que si alguien lo llegase a mirar moriría de espanto. Aquel que solo con mirar la noche es como si una presencia extraña se apoderara de los aires, aquel que influencia al hombre hasta llevarlo de la mano al infierno.

Existente antes que el hombre, conocedor más que el ser humano, el diablo será puesto al margen de la ley de Dios, sometido a un lago de fuego del cual nunca podrá salir, lago de fuego que muchos niegan, que maldicen y otros le temen.

Pero pregúntese usted: ¿Será injusto que un ser tan diabólico como el descrito merezca menor castigo? El primer asesinato sobre la tierra fue producto de la misma envidia que se dio en el corazón del diablo —en los lugares celestiales— cuando dijo: «Seré semejante al Altísimo».

Para ejecutar la justicia de los hombres —que en muchos de los casos solo es injusticia—, los gobiernos gastan miles y millones de pesos, dólares o euros, construyendo cárceles donde poner a los hombres y mujeres que son un peligro para la sociedad. Lugares donde mantenerlos al margen de las comunidades que intentan vivir en paz. Cárceles de las que sea imposible escapar. Edificaciones con sistemas muy sofisticados, detectores de metales, detectores de mentiras, cámaras de vigilancia, personal de seguridad, puertas con barrotes de acero imposibles de ser dobladas, altas murallas que impidan escapar, centinelas, paredes de concreto difíciles de penetrar. Y con todo y eso, la maldad se expresa en motines, asesinatos, fugas y abusos, que nunca han dejado de existir en los centros penitenciarios. No hablemos de los países latinoamericanos, donde la ley la ejerce la autoridad con sus propias manos, donde la corrupción no tiene límite y donde el pueblo es quien más sufre.

Pero hay un lugar totalmente seguro para el diablo, Satanás, la serpiente antigua, el padre de mentira. Uno donde no habrá puertas de acero, paredes de concreto, centinelas que guarden la noche, detectores de metales y ni siquiera cámaras de vigilancia. Un lugar descrito en las Escrituras por parte de Dios. Lo puso ahí para que lo consideráramos. Un lugar del cual nadie podrá escapar, donde el tiempo no existe, donde la muerte no tiene poder, donde no hay esperanza, ni tranquilidad, ni el afecto, ni la amistad. Un lugar que no ha sido diseñado para el hombre, pero al cual puede llegar: El infierno.

Muchos prefieren no hablar de él, otros simplemente se dedican a negarlo. Algunos lo llaman un lugar simbólico, pero Dios dice que es para el diablo y sus ángeles.

Es imposible que un asesino camine por las calles de la ciudad, disfrute de la comodidad de una noche de estrellas y que además sea invitado a las fiestas de los que son familiares del asesinado. Todos reclamaríamos justicia, todos haríamos un voto a favor de que fuese puesto tras las rejas, hasta daríamos nuestro consentimiento para que enfrente la pena capital. Pero casi todos estaríamos satisfechos de que se ejecutara en su contra una sentencia duradera e imposible de evadir.

Este es el mismo caso de Satanás, ha matado a hombres y mujeres a través de todos los tiempos, en todos los países, en todas las generaciones, en todos los idiomas, en todas las edades, de todas las formas, con toda la saña, y ha pretendido matar a la Iglesia. La ha perseguido, la ha asediado, la ha ridiculizado, la ha ofendido, se ha burlado de su poder, ha deformado la imagen de Dios en el hombre, ha llevado al hombre hasta el grado de declararse mujer y de arriesgar su propia vida al cambiar de genitales, *esa no es la imagen de Dios*.

Satanás es el culpable, merece ser castigado. Dios debe llevarlo al tribunal para sentenciarlo por sus actos. Sin embargo, todavía hay quienes dicen que el infierno no existe, como si no existiese Satanás para quien el infierno fue diseñado.

Dios se encargará de quitar esta amenaza del universo, sumiéndolo en las llamas del infierno, atándolo de pies y manos de manera que no pueda escapar. Solo las llamas del infierno, un lugar imposible de imaginar por el hombre, podrán retener a tan espantosa figura por los siglos de los siglos. Amén.

Proceso descenso	Proceso descenso y rescate
Satanás	**Hombre**
Del cielo	
A los aires (1ra caída)	Glorificación
A la tierra (2da Caída)	Gracia — Santificación
A la cárcel (Detención)	Pecado — Salvación
Al lago de fuego.	Infierno — Perdón
(3 caída, el tiempo no existe)	Pecado
Constante caída	Caída, levantada y ascensión.

El diablo, al caer, sufrirá en total tres procesos de descenso: del cielo a los aires, de los aires a la tierra y de la tierra al infierno. Imagínese el momento en el cual Satanás fue arrojado o echado del cielo, sacado por la fuerza de las escoltas celestiales y sentenciado a no tener nunca más acceso a vivir cerca de la majestad divina de Dios. Piense en cada uno de los demonios que le acompañaron en su rebelión, tuvieron que abandonar también el cielo, habían sido contaminados y tenían que ser echados. El cielo tenía que estar fuera del alcance de Satanás y entonces, a partir de ese momento, los aires tendrían que ser el refugio de la diabólica estancia de ese ser infernal.

Pero llegará el momento, marcado en el reloj de Dios, en el cual Satanás tendrá que pagar por sus actos. Y tenga por seguro, amigo lector, que no enviará Dios una comisión especial de ángeles en búsqueda de Satanás. Será la sola Palabra de Dios la que hará llegar al diablo, desde cualquier lugar en el cual se encuentre, hasta el sitio en el que Dios demande su presencia.

Del cielo a los aires

Isaías 14: ¡Como caíste del cielo, oh Lucero, hijo de la mañana![1] Mas tú derribado eres hasta el Seol, a los lados del abismo.[2]

De los aires a la tierra

Apocalipsis 12: Y fue lanzado fuera el gran dragón, la serpiente antigua, que se llama diablo y Satanás, el cual engaña al mundo entero; fue arrojado a la tierra, y sus ángeles fueron arrojados con él.

---

1. *Ibídem.*
2. *Ibídem.*

Mil años de cautiverio

Apocalipsis 20: Vi a un ángel que descendía del cielo, con la llave del abismo, y una gran cadena en la mano. Y prendió al dragón, la serpiente antigua, que es el diablo y Satanás, y lo ató por mil años; y lo arrojó al abismo, y lo encerró, y puso su sello sobre él, para que no engañase más a las naciones, hasta que fuesen cumplidos mil años; y después de esto debe ser desatado por un poco de tiempo.

De la tierra al infierno

Apocalipsis 20: Y el diablo que los engañaba fue lanzado en el lago de fuego y azufre, donde estaban la bestia y el falso profeta; y serán atormentados día y noche por los siglos de los siglos.

Dios hará una limpieza total en cuanto al exterminio del pecado, y tal como su santidad lo requiere, no quedará ninguna cosa o ser que no sea ajustado a los requerimientos de este exterminio total del pecado. Hay varios elementos involucrados en el proceso, y con este fin presento la siguiente gráfica.

- **Satanás será enviado al lago de fuego**
  - o Demonios enviados al lago de fuego

- **Cielos nuevos y tierra nueva**
  - o Los primeros ya pasaron y fueron desechos ardiendo en fuego

- **Hombre** $\begin{cases} \text{Glorificación} \\ \\ \text{Hombre o Muerte segunda en el lago de fuego} \end{cases}$

Tal como hemos venido observando, los diferentes procesos y elementos de castigo que fueron afectados con la entrada del pecado serán los mismos que exterminarán totalmente el pecado y pondrán punto final a las generaciones pecadoras. Es importante notar que no quedará ningún elemento de los cuales se compone nuestro mundo, que no sea sometido a la purificación para eliminar totalmente el pecado. Podríamos bien utilizar las palabras de Jesús cuando dijo: «No quedará piedra sobre piedra que no sea removida»; y aunque parezca un episodio cinematográfico, el libro de Apocalipsis y otros nos muestran cómo será el proceso de purificación.

Satanás enviado al lago de fuego

No podemos determinar el momento en el que Satanás pecó en el cielo ni cuándo será enviado al lago de fuego. Eso pertenece a la agenda de Dios y no a nosotros. Lo que sí es importante para nosotros es no ser parte de los acompañantes de Satanás en su último viaje al «Lago de Fuego». Apocalipsis 12 dice: «Y fue lanzado fuera el gran dragón, la serpiente antigua, que se llama diablo y Satanás, el cual engaña al mundo entero; fue arrojado a la tierra, y sus ángeles fueron arrojados con él».

Demonios enviados al lago de fuego

La segunda carta de Pedro (2.4) señala: «Porque si Dios no perdonó a los ángeles que pecaron, sino que arrojándolos al infierno los entregó a prisiones de oscuridad, para ser reservados al juicio». Y Judas (6) lo corrobora: «Y a los ángeles que no guardaron su dignidad, sino que abandonaron su propia morada, los ha guardado bajo oscuridad, en prisiones eternas, para el juicio del gran día».

Nadie puede escapar de la justicia divina. Y los ángeles que acompañaron a Satanás en la rebelión en el cielo, tampoco quedarán sin castigo.

Cielos nuevos y tierra nueva

Aunque parezca el guión de una película galardonada de Hollywood, ni los genios de la pantalla grande ni las mentes más ingeniosas, ni los efectos más espectaculares podrán narrar lo que ocurrirá con la tierra cuando llegue el momento de enfrentar el juicio de Dios y sus nefastas consecuencias. Por eso es que muchos lo niegan, mientras otros ni le prestan atención; pero llegará el día, grande y temible de Jehová, cuando los elementos ardiendo serán deshechos, y la tierra y las obras que en ella hay serán quemadas.

La segunda carta de Pedro (3.10) declara: «Pero el día del Señor vendrá como ladrón en la noche; en el cual los cielos pasarán con grande estruendo, y los elementos ardiendo serán deshechos, y la tierra y las obras que en ella hay serán quemadas». Y Mateo 25 (41) reafirma: «Entonces dirá también a los de la izquierda: Apartaos de mí, malditos, al fuego eterno preparado para el diablo y sus ángeles». Y Juan en Apocalipsis 21 (1) celebra diciendo: «Vi un cielo nuevo y una tierra nueva; porque el primer cielo y la primera tierra pasaron, y el mar ya no existía más».

En el caso particular del hombre sucederá lo anunciado, puesto que hay los que aceptaron y los que rechazaron a Dios.

El evangelista Lucas dice (3.17): «Su aventador está en su mano, y limpiará su era, y recogerá el trigo en su granero, y quemará la paja en fuego que nunca se apagará».

Estas alegorías son las que refieren a la separación que será llevada a cabo entre los hombres y mujeres que tengan la distinción de aquel sello con el cual los hijos de Dios han sido marcados en su espíritu. Esa distinción fue hecha con el fin de que en el momento en que los ángeles recojan a los salvados y dejen atrás a quienes negaron, maldijeron o ignoraron las palabras del Santo Libro, se vean frente a la verdad que ha sido expresada a través de los siglos. Cuando ocurra el momento de la separación, aquellos que escogieron creer a Dios antes que a los hombres estarán listos para pasar a la glorificación.

Esto es el acceso inmediato e irrestricto a la gloria anhelada por los hombres y mujeres que creyeron a Aquel al cual no podían ver. Será entonces cuando se cumplirán de forma completa las palabras aquellas que Jesús pronunció cuando dijo: «Más bienaventurados son los que sin ver creyeron».

El hombre es el único ser que puede elegir el lugar en el cual estará en el momento del total exterminio del pecado. Hay dos lugares para elegir: la glorificación o el lago de fuego. A la tierra no le es permitida esta elección, a los demonios tampoco, a los cielos menos y mucho menos a Satanás.

Cuando ese momento llegue podremos mirar completamente cuáles fueron los hombres y mujeres utilizados como una máquina del mal. Ese será el desenlace con aquel que engendró la mentira con la cual fueron engañados; además, compartirán ese triste espacio con él. Pero hay un grupo diferente de personas que no permitieron ser utilizados como una máquina del mal, antes bien prefirieron ser criticados por el mundo, ridiculizados por la sociedad, tildados de locos por muchos, de fanáticos por otros, oprimidos por los gobiernos y perseguidos por Satanás. Prefirieron llevar en sus almas la hermosa salvación que les permitirá disfrutar de lo inimaginable de la gloria en el cielo y llegar a las bodas cual nunca han habido sobre la faz de la tierra. Vivirán eternamente la vida que el hombre ha pretendido encontrar a través de sus propios métodos, y que solo se encuentra en Dios por medio de Jesucristo.

Dejaremos atrás los dolores de la carne, el envejecimiento del cuerpo y las angustias del alma y el espíritu. Y podremos entonces decir las hermosas palabras: «Sorbida es la muerte en victoria».¿Dónde está, oh muerte, tu aguijón? ¿Dónde, oh sepulcro, tu victoria?[3]

---

3. *Ibídem.*

Sería un error pensar que Satanás, a fin de cuentas, estropearía los planes de nuestro Señor.

Dios puso al hombre en un lugar seguro al principio, sin maldad, sin final, un principio eterno. Pero, a pesar del diablo y del mismo hombre, Dios no dejará a medias lo que comenzó. Existe una gran diferencia entre el principio iniciado en el Edén y el que se inició en el Calvario. El Edén era un lugar terreno para el hombre, rodeado de hermosura, que estaría bajo la administración del hombre. Un lugar en el cual el hombre sería la corona de la creación, donde el hombre podía llevar a cabo una vida pacífica acorde con la naturaleza.

Un lugar plantado en el mejor planeta para el hombre, diseñado y adecuado para que Dios pusiera la obra de sus manos. Pero este mundo ahora, al ser contaminado por la intención y pecado de Satanás, necesitaría de un Salvador, un Salvador que no viniera al rescate del Edén, sino más bien del habitante del Edén. El administrador del mundo ahora necesitaría de un Salvador, alguien infinitamente mayor que él. El hombre no podría diseñar a ese Salvador, no podía salvarse ni a sí mismo. Ese Salvador tendría que venir de un lugar fuera del Edén, porque el hombre necesita un Salvador más allá de sí mismo.

El hombre sin el Salvador Jesucristo terminaría indistintamente en las llamas del fuego eterno, porque caería de la inocencia al pecado y del pecado al infierno, proceso que fue invertido por el eterno amor del Padre. Si bien es cierto que el hombre cayó, Dios se complació en levantarlo y fue cuando pasó del pecado al perdón, del perdón a la salvación, de la salvación a la santificación y de la santificación a la glorificación. Este es el proceso en el cual Dios ha puesto al hombre para hacerlo llegar a su presencia. Si bien es cierto que el hombre es el administrador de la tierra, también lo es que Dios es el dueño del hombre. Aunque el dicho reza: «Sálvese quien pueda», Dios todavía sigue diciendo: «Sálvese quien quiera»; porque como le dijo el leproso a Jesús:

«Si quieres, puedes limpiarme», Jesús todavía sigue diciendo: «Sí quiero, sé limpio».

El Edén fue el lugar terreno del hombre, y lo que Jesús ofreció en el Calvario fue el eterno lugar para el hombre. Es su elección, usted puede escoger, el Edén o el Calvario. Es una elección que solo a usted corresponde. El fin de la historia que comenzó en el Edén terminará en el cielo. Satanás no ha podido, ni puede, destruir los planes de Dios. Satanás es un ser acabado el hombre es un ser caído. Satanás no tiene remedio el hombre tiene un Salvador. Dios, a fin de cuentas, terminará llevando al hombre al cielo, pero ¿a quiénes llevará?, a quienes decidan aceptarle y recibirle. Él no llevará a nadie que no esté de acuerdo con Él, que no piense como Él, que desprecie el sacrificio de su Hijo, que piense que no necesita a Jesús. Por eso se quedarán sin Él para siempre. La salvación es como el Edén, un lugar privilegiado y diseñado exclusivamente para el hombre. El Edén fue el paraíso terrenal perdido. El cielo, a través de la salvación, es el paraíso eterno ofrecido al hombre mediante el amor incondicional, inexplicable e interminable de Dios, mostrado a través de Jesucristo.

Dios terminará poniendo al hombre en el lugar seguro que siempre quiso para él. Y si bien es cierto que a través del pecado se convirtió en una máquina del mal, también es cierto que a través de Jesucristo, el hombre es la mayor expresión del amor infinito del Padre, expresado en el Calvario y concluido en la eterna imagen del Padre amado.

Una vez que Dios ponga al hombre en un lugar seguro, también exterminará el pecado que afecta al hombre en su paso por la tierra, convirtiéndolo en muchos de los casos en una máquina del mal.

Acerca del autor

Samuel Que Heredia es colaborador del programa de Televisión La Voz Cristiana, ubicado en la ciudad de Perrysburg, OH.

De una carrera como contador privado el Señor lo llama para el ministerio.

Ahora es escritor además de pastor de la Iglesia Centro Cristiano Nueva Vida ubicada en la ciudad de Elkhart, IN., nacido en la ciudad de Campeche, México.

Samuel vive en los Estados Unidos con su esposa Telenia e hijos Abraham, Samuel y única hija Zurisadai.

Para comunicarse con el autor escriba a:

www.queministries.com

1-877-274-9783 Toll free